編集代表 鈴木 眞理

シリーズ 生涯学習社会における社会教育

1

生涯学習と社会教育

鈴木 眞理
松岡 廣路
［編著］

学文社

［編著者］

鈴木　眞理	東京大学
松岡　廣路	神戸大学

［執筆者］

松岡　廣路	神戸大学	第1章
前平　泰志	京都大学	第2章
永井　健夫	山梨学院大学	第3章
清國　祐二	香川大学	第4章
田中　雅文	日本女子大学	第5章
米山　光儀	慶應義塾大学	第6章
津田　英二	神戸大学	第7章
鈴木　眞理	東京大学	第8章
岡本　薫	文部科学省	特論1
梨本　雄太郎	宮城教育大学	特論2

はしがき

　このシリーズは，生涯学習社会の創造やその到来が喧伝されるなかでの社会教育の諸問題について，総合的かつ多面的な検討をおこなったものである。

　第2次大戦敗戦後，社会教育の制度が確立され，研究もそれなりに進展した。生涯教育の概念が移入され，生涯学習支援が行政の課題となり，学歴社会との関連で生涯学習社会が到達目標として設定されてきた。しかし，その過程で，社会教育は，その独自の意味や意義をどう主張してきたか，今後どのように展開していくかについては，総合的・かつ根源的な検討が加えられることは多くはなかった。一面的かつ固定的な社会教育理解がなされたり，社会や教育のあるべき姿が最初から措定され現実をそれに沿って解釈しようとするようなことが関係者の間では優勢であったともいえる。

　社会の変化が激しいなかで，また教育にかかわる諸制度の変革が迫られるなかで，社会教育を中心とした生涯学習支援に資する実践的応用が可能な理論的貢献が求められていることは，関係者の間では共通の認識になっているといえよう。このシリーズは，そのような状況を背景に，これまでの実践的・理論的蓄積を大切にしながらも，既成の観念にとらわれすぎず，社会教育のあり方を追究しようとしたものである。

　この巻は「生涯学習と社会教育」と題し，生涯教育論・生涯学習論と社会教育論の関係についての基本的な論点や施策の展開等について，集中的に検討を加えている。

　シリーズ全体として，社会教育に関連する問題の全体像を把握できるように構成しているが，単なる概説的なものではなく，各章が，設定されたテーマに沿った執筆者それぞれの問題意識やスタンスを前提とした独立した問題提起的な論文である，と編者としては考えている。建設的な批判と交流によって，研究と実践の深化に貢献できれば幸いであるし，またそれが可能な執筆者の構成になっていると考えている。

このシリーズの企画は，1999年初夏に開始された。永井健夫・松岡廣路の両氏の協力を得て編者間で構成を詰める作業をおこなったが，諸般の事情もあって，世紀をまたぐ仕事となった。執筆者・編者を代表して，この間編集作業にあたられた三原多津夫氏はじめとする学文社の方々に厚く感謝する次第である。

2003年1月12日

編集代表　鈴木　眞理

目　次

第1章　生涯学習論の生成と展開 ……………………………………… 7

1　生涯学習と教育変動　7
2　生涯学習支援のシステム化と社会教育のアポリア　9
3　社会教育論のパラダイム　14
4　パラダイム転換の可能性　19

第2章　生涯学習論の国際的展開——開発と基本的ニーズ …………… 31

1　開発と生涯教育の国際関係　31
2　生涯教育という思想——西欧から国際機関へ，そして制度化へ　32
3　開発の戦略——オールタナティブなアプローチ　34
4　教育のオールタナティブ戦略——ノンフォーマル教育　37
5　人間の基本的ニーズ——展開と批判　38
6　人間の基本的ニーズと教育　41

第3章　生涯学習政策の国際的展開
　　　　——非先進地域からの問題提起としての「識字」……………… 45

1　非先進地域の「貧しさ」と生涯学習　45
2　2つの事例から　46
3　第三世界の教育状況　49
4　成人教育と識字
　　　——エルシノアからモントリオール，そして東京へ　53
5　機能的識字とEWLPの展開　57
6　識字と地球市民社会　61

第4章　日本における生涯学習政策の展開——国レベルを中心に ……… 69

1　生涯学習政策の理念形成　69
2　生涯学習政策の転換　72
3　生涯学習政策の定着と拡充　76
4　生涯学習審議会の軌跡　79

5　総合行政としての生涯学習政策　82

第5章　日本の地方自治体における生涯学習政策の展開 …………… 87
　　　1　地方自治体における生涯学習行政の進展　87
　　　2　高度化と広域化　88
　　　3　地域づくりの推進　91
　　　4　民間・市民セクターとの連携　93
　　　5　学校との関係　98

第6章　社会教育論の成立とその系譜 ………………………………… 103
　　　1　「社会教育」という語へのこだわり　103
　　　2　社会教育論の成立をめぐる問題　105
　　　3　社会教育論の登場　108
　　　4　社会教育行政の展開と社会教育論　111
　　　5　教育運動における社会教育論　116
　　　6　社会教育論における国家と社会　119

第7章　戦後社会教育論の展開 ………………………………………… 123
　　　1　敗戦直後の社会教育論　123
　　　2　農村青年の集団学習への視線　125
　　　3　生活の共同性にもとづいた社会教育論　127
　　　4　都市型社会の社会教育論　129
　　　5　市民社会における社会教育論　133

第8章　生涯学習社会の社会教育 ……………………………………… 139
　　　1　政策理念としての生涯学習支援の登場　139
　　　2　生涯学習支援施策と社会教育　141
　　　3　学校教育を軸にした生涯学習支援施策　144
　　　4　社会教育関係者の期待感・危機感・便乗姿勢　146
　　　5　社会教育の理解の転換をめざして　152

特論1　日本型生涯学習支援論 ………………………………………… 159
　　　1　何が「日本型」なのか？　159
　　　2　文化的背景の影響　160

3　社会的背景の影響　164
　　　4　日本型の「生涯学習振興」　166
　　　5　結　語　168
特論2　社会教育研究小史 …………………………………………… 169
　　　1　社会教育研究の歩みを振り返る視角　169
　　　2　領域の成立から定着まで　170
　　　3　領域の成熟と発展　173
　　　4　領域外部からの影響と領域の再編成　178
　　　5　これからの社会教育研究に向けて　181
　索　引 …………………………………………………………………… 187

第1章　生涯学習論の生成と展開

松岡　廣路

1　生涯学習と教育変動

　1965年のユネスコの第3回成人教育推進国際委員会 (International Committee For the Advancement of Adult Education) でラングラン (Lengrand, P.) が提起した生涯教育 (lifelong integrated education) は，ユネスコ事務局長への勧告のなかで，以下のように説明されている。「ユネスコは，幼少から死に至るまで，人間の一生を通じて行なわれる教育の過程——それゆえに統合的であることが必要な教育課程——を具体化させる原理として〈生涯教育〉という構想を承認すべきである。そのために，一生という時系列に沿った垂直的次元と，個人および社会の生活全体にわたる水平的次元の双方において，必要な統合を達成すべきである。[1]」生涯にわたって教育の機会が保障されること，社会の多様な教育の機会を統合することの2点を軸とするこの理念は，現在展開されている日本で生涯学習政策の起源ともいえる。国際機関におけるその後の諸提言や経済社会の影響を受けて政策として振興され，いまや「生涯学習」を軸[2]に社会全体の再構成が迫られているといっても過言ではない。

　とりわけ，公教育への影響は大きい。臨時教育審議会 (1984-87年) の答申を経て生涯学習政策が本格化する1980年代以後，戦後社会教育の中心施設であった公民館・図書館・博物館の役割は大きく変化し，社会教育の環境醸成を主務とする社会教育行政自体のあり方も変質してきた。1998 (平成10) 年の生涯学習審議会答申「社会の変化に対応した今後の社会教育行政の在り方について」では，学校・民間事業団体・他部局等との連携促進を柱とするネットワー

ク型行政の考え方が打ち出され，従来の事業支援型行政からの脱皮が謳われている。具体的な輪郭は定かでないものの，縦割り型組織のイメージでは描けない行政全体の変革が提起されるに至っている。

　一方，学校教育も改革を迫られ，学校の内と外という枠組みが取り払われつつある。とくに1990年代以後，「開かれた学校」「ゆとりの教育」「生きる力を育む」等のキーワードのもと，従来の学校イメージの転換をはかる施策が進められてきた。学校週5日制の導入や総合的な学習の時間などのカリキュラム改編をはじめ，奉仕活動・体験活動の充実あるいは学校支援ボランティアの導入など，学校外の教育機能の活用を試みる施策が徐々に具体化されている。もちろん，こうした改革が表面的な教育様式の変更に終わり，国家主義的な近代教育の強化に帰着するのか，それともよりラディカルに近代教育の枠組み自体を超克する新たな学習支援システムに変化するのか，その行方はやはり定まっていない。しかし，学校教育もまた，その枠組みの変更を余儀なくされている。社会教育と学校教育の双方で，生涯学習の概念を軸とする改革が始まっている。

　また，生涯学習の概念が社会に浸透するにつれて，学習観自体も変化・拡張している。学校や公民館・図書館・博物館などの教育施設だけではなく，あらゆる生活場面が学習の場として認知され，カルチャーセンター等民間教育事業や企業内教育はいうまでもなく，ボランティア活動や家庭生活も学習を生む場として重視されるようになってきた。近代教育の視野は限定的であるが，生涯学習の概念においてはこうした学習も重要な構成要素であり，それゆえ，旧来の教育の枠組みを越えた新しい学習支援が求められることとなる。

　現在，さまざまな領域や次元で生涯学習の概念を軸とする再検討・再構築が進められている。現代社会は，まさに教育変動の真只中にあるといえるだろう。そして，こうした教育変動のなかで全体システムとして調和のとれた生涯学習支援システムがいかに創出されるかが，生涯学習論の争点ということになる。

　しかし，ここで，1970年代のヨーロッパで展開されたリッチモンド（Richmond, W.K.）らの論議をふまえた碓井正久の生涯教育論争批判を，再び想起する必要がある。碓井は，「生涯教育論をふくめて，教育改革論者の……

人々は，今日の教育は，今日の社会に適合しなくなっていることをあばきたてるのに急で，過去において現在の教育が果たしてきた歴史的役割と長所とを十分に吟味せず，将来の教育を構想し，しかもそれが科学的であるかのような錯覚を，もっているように見える。そういう行き方をもつかぎり，将来に向いての教育の構想は，現実離れした，ユートピア論となって万人の合意をえられぬようになってしまうか，もしくは，その構想の現実化を支持する強大な権力への強い期待を寄せさせるものになってしまうことになる」[7]という。「ユートピア論」にも「強大な権力への強い期待」にも陥ることなく，新たな生涯学習支援システムを創出しなければならないということである。

いま問われているのは，碓井が示唆するように，現実の具体的な教育変動およびこれまでの教育論をふまえて生涯学習論をいかに構想するかということであろう。とりわけ，これまで種々の学習を支援してきた社会教育およびそれを意味づけるものとしての社会教育論との関係は重要である。ここでは，旧来の社会教育論の意味を問うことで，生涯学習論の新たな生成の可能性を探ることとする。

2　生涯学習支援のシステム化と社会教育のアポリア

(1)　宮原誠一の社会教育論と学社融合

現在の生涯学習施策のめざす社会は，1992（平成 4）年生涯学習審議会答申「今後の社会の動向に対応した生涯学習の振興方策について」で提起された「生涯学習社会」という概念に要約されている。1981（昭和 56）年中央教育審議会答申「生涯教育について」で登場した「学習社会」[8]論は，臨時教育審議会を経て，「人々が生涯のいつでも自由に学習機会を選択して学ぶことができ，その成果が社会において適切に評価されるような生涯学習社会」に帰着した。その実現に向けての具体策はいまだ十分とはいえないが，近未来社会の理想像として「生涯学習社会」は位置づいている。

ところで，かつて宮原誠一もこれに近似した構想をもっていた。「社会教育

の本質」(初出1950年)[9]では、次のような枠組みが提示されている。

宮原は、第2次世界大戦直後から「社会教育の再解釈をせまる一つの世界史的時代が、われわれの前にひらけている」[10]と認識し、社会教育は「あらゆる階層の人びとの、全面的な学習活動に関する概念として確認されなくてはならなくなった」[11]という。そして、「学校教育と、社会教育とはその関係を根本的に再調整されるべき段階にたちいっている」[12]と述べるとともに、日本の社会教育は、「ふたたびかの教育の原形態としての社会教育にかえろうとしている」[13]という。

もちろん、宮原のいう「原形態としての社会教育」とは、学校が成立する以前の、素朴な家庭や地域の教育のことを指しているのではない。「学習の必要に応じて書物、映画、ラジオなどコミュニケーションのさまざまな手段が使用され、図書館、博物館、動物園、植物園などはもとより、研究所、工場、農場、病院、劇場などさまざまな社会機関が利用されよう」[14]というように、種々の制度化された教育機関が統合されることを念頭においていた。この枠組みは、ラングランの「水平的次元」の統合とほぼ同じである。

宮原はさらに、民主的な地方教育行政の確立を前提に、その計画化における留意点として、「(一) 形式的な網羅主義の清算」「(二) 長期計画の策定」「(三) 人材の養成」とともに、「(四) 中心的な施設は最適な施設に」「(五) 地域社会と公立学校」をポイントとしてあげている[15]。宮原は、将来の教育は学校や公民館などにこだわらずに実践されるべきであること、さらに、地域社会と公立学校をこそ「今後の民主主義的な社会教育の中心概念」[16]にすべきであると考えていた。

宮原の発想は、1996(平成8)年の生涯学習審議会答申において提言された「学社融合」に近似した考え方ということができるだろう。「学社融合」とは、同答申によると、「学校教育と社会教育がそれぞれの役割分担を前提とした上で、そこから一歩進んで、学習の場や活動など両者の要素を部分的に重ねながら、一体となって子供たちの教育に取り組んでいこうという考え方」[17]である。宮原もまた、より具体的な要件を提示して学校と社会教育の一体化を説いて

いる。第1に、「地域社会の生産機関および社会的施設」の青少年への開放、第2に、青少年の健全育成に向けての家庭および地域社会の諸機関・諸団体の学校への協力、第3に、学校の「青少年の四六時中の生活学習センター化」、そして第4に、学校による地域社会への奉仕、である。これらは、今日の学校週5日制にともなって実施されている地域での子ども向けプログラムや学校での中期職業体験活動、学校評議会制度、さらには2002（平成14）年中央教育審議会答申「青少年の奉仕活動・体験活動の推進方策等について」における強調点とほぼ同じである。

ラングランの生涯教育の理念が日本に紹介される以前に、すでにこのような構想が提起されていたのである。

(2) 生涯学習支援のシステム化における社会教育の周辺化

もちろん、宮原の描いた構想が現在の生涯学習社会に近似しているからといって、生涯学習社会に至るプロセスまで同じように考えられていたというわけではない。宮原は、持論の「社会教育の歴史的な発達過程」にもとづき、社会教育の発達の延長線上に学校と社会教育の統合を位置づけていた。「デモクラシーとテクノロジー」の発達に支えられた公共的な社会教育の発達の先に「教育の総合的な計画化」、すなわち、今日でいうところの学社融合を構想していた。ポイントは、公共的な社会教育の発達を求める「学校教育以外の教育的要求」である。宮原は、社会教育を「支配的階級」の「上からの要求」と「民衆の下からの要求」が「合流して混ざり合っている」ものと理解しつつも、「上からの要求」に対峙する民衆の自発的な教育要求、たとえば「労働組合の力」が公共的な社会教育を整備に向かわせ、その結果として教育が総合化されると期待していた。

しかし、生涯学習施策成立に至る今日までの歴史的経緯を辿れば、プロセスに関する宮原のそうした期待は、ほぼ外れたといっていいだろう。日本の生涯学習支援体制はおおむね行政主導で推進され、しかも社会教育行政ではなく、より上位の政治権力の影響を多分に受けたものであった。今日の生涯学習施策がなお臨時教育審議会答申（中曽根康弘内閣総理大臣諮問機関）の基本路線を踏襲

しているという事実からもそれは明らかであろう。宮原の期待とは異なり，「勤労大衆を中心とする国民の教育権」[27]を要求する立場での運動の成果として生涯学習支援のシステム化が進行したのではなかった[28]。また，1950年代当時では予想もつかない今日のテクノロジーの発達が，国家による学習保障という媒介なしに，人々の学習機会を増大させ，一定の政治参加・社会参加を実現させてきたという側面も見落とせない。公民館，図書館，博物館等の施設を必ずしも学習の拠点としていない人々のニーズを反映して生涯学習支援のシステム化が進められてきた。松下圭一が『社会教育の終焉』において強調する「市民文化活動の自主性」[29]は，そうした側面に注目して旧来の社会教育に警鐘を鳴らしたものであった。

　一方，生涯学習政策を推進する主導権が教育行政からやや離れたという意味では，社会教育行政の側にあっても，今日の情勢は大きな誤算というほかないだろう。教育関連の答申として初めて生涯教育にふれた1971（昭和46）年社会教育審議会答申「急激な社会構造の変化に対処する社会教育のあり方について」では，「生涯教育という観点に立って，教育全体の立場から配慮していく必要がある」とはいうものの，そこで措定されている教育は，「家庭教育・学校教育・社会教育の三者」であり，松下が提起したような民間の自立的な市民文化活動は重視されていない。行政社会教育の範囲・機能の拡大が生涯教育推進の鍵であるとの記述にとどまっている。当時の社会教育行政においても，社会教育の発展過程の先に生涯教育を構想する姿勢，いわば社会教育中心主義が標榜されていたといえるであろう。

　ところが，実際には，1980年代後半以後，生涯学習施策の推進の軸は教育行政から一般行政へと移行し，とりわけ地方公共団体においてそれは顕著となる。「生涯学習の振興のための施策の推進体制等の整備に関する法律」（生涯学習振興法，1990年）によって，事実上，都道府県首長部局による社会教育計画への関与が認められ，首長部局の生涯学習施策への関与は増大した。社会教育行政の機能的拡張というよりは，社会教育行政としての枠組み自体が突き崩される方向へと推移したのである。

さらに，学校を中心とする教育改革，経済危機とそれにともなう構造改革，少子高齢化に対応した社会福祉改革が，こうした傾向に一層の拍車をかける。生涯学習支援のシステム化の主体は，社会教育行政および社会教育実践から徐々に遊離し，他の行政部局・学校・企業・NPOへと拡散した。ネットワーク型行政としての社会教育行政のあり方を提言した1998（平成10）年の生涯学習審議会答申「社会の変化に対応した今後の社会教育行政の在り方について」は，国家による学習支援システムの限界を意味するものといえるかもしれない。

いずれにせよ，「勤労大衆を中心とする国民の教育権」を要求する社会教育推進運動，すなわち「国民の自己教育運動」[30]も，既存の社会教育を枠組みとする社会教育行政も，生涯学習社会を創造するシステムづくりのプロセスにおいては周辺的な位置におかれてきたのである。換言するならば，生涯学習社会という将来構想において「原形態としての社会教育」自体は重視されているが，それまでに制度化・組織化されてきた社会教育推進主体は，そのシステム化から排除されてきたということである。

(3) 求められる社会教育論のパラダイム転換

なぜこのような事態が生まれたのであろうか。もちろん，政治的イデオロギーの相違や行政組織の内部ヒエラルキーが直接の原因であることはいうまでもない。また，教育行政の基本方針や運動論上の問題も即座に指摘しうるところであろう。たとえば，教育基本法第7条で規定される広義の社会教育，すなわち，「家庭教育およびその他勤労の場所などあらゆる場所で行われる教育」の推進を目標とすべき社会教育行政が，同条第2項によって規定される施設中心主義の枠内で，結局，公民館施策に力点をおいてきたこともその1つである[31]。あるいは，それに呼応して，「国民の自己教育運動」が，結局，公民館活動等の行政社会教育に軸足をおくものとして理念化されざるをえなかったことも，生涯学習システム化から排除される要因であったといえるだろう。

しかし，よりラディカルに考えると，そうした現実の対応を許した社会教育論の問いの立て方，解き方，思考の枠組みが生涯学習社会を志向する時代に即応していないという原理的問題が伏在しているのではないだろうか。1970年

代，クーン (Kuhn, T.S.) によって提示されたパラダイム論[32]に刺激され，他の学問領域ではパラダイムの転換がおこなわれてきたが，社会教育研究の領域では1990年代に入ってようやくその重要性が認識されたに過ぎない[33]。パラダイム転換の立ち遅れの結果，ラングランの提起した生涯教育論を機に展開する生涯学習の実態と社会教育論のなかで意味づけられる学習が徐々に乖離し，社会教育の周辺化という事態を招いたのではないだろうか。旧来の社会教育論のパラダイムとは何かを問い，さらにその転換の可能性はどこにあるのかを問うことが必要であろう。

3 社会教育論のパラダイム

(1) パラダイム形成の視点に注目して

パラダイムとは，概念自体やイデオロギーではない。それらを生み出す思考の枠組みであり，「一般に認められた科学的業績で，しばらくの間，専門家の間に問い方や解き方のモデルを与えてくれるもの」[34]である。つまり，先に引用した宮原誠一の業績が，一定の時代，特定の領域で広く受け入れられ，人々がその影響を受けていたとすれば，その問い方と解き方がその時代のパラダイムということである。また，たとえば，宮原の「歴史的範疇としての社会教育」概念は，その内容自体がパラダイムというわけではない。「社会教育は，近代国家成立の過程でどのように形成されてきたのか」「社会教育は，学校教育とどのような関係を築くことができるのか」「社会教育の発達は，どのような外在的要因によって進行するのか」という問いとそこから「歴史的範疇としての社会教育」観を導き出した歴史的・経験的アプローチがパラダイムなのである[35]。

したがって，パラダイムを同定する際に最も有効なのは，問いの立て方がどのような視点で構成されているのかに注目することであろう。宮原の場合は，「近代国家と社会教育の関係」「学校教育と社会教育の関係」「外在的要因の所在」を視点に問いが立てられていたといえる。このように旧来の社会教育論のパラダイムが構成される視点を対象化することで，社会教育論がなぜ今日の生

涯学習システム化から乖離していったのかを探ることとする。

(2) ラングランの生涯教育論以前のパラダイム

　第2次世界大戦を挟んで日本の教育体制は一変したが，必ずしもそれはパラダイムの断絶を意味するものではない。たとえば，福澤諭吉の啓蒙思想を素材に明治初期の社会教育を論じた北田耕也によれば，福澤の提起したパラダイムは，いかに「『一国独立』という政治的課題を，『一身独立』といういわば教育的課題の達成と結びつけて遂行」するかであった。その視点は，「政治的課題と教育的課題の関係」，「国家と個人の関係」であり，戦後社会教育に受け継がれていることはいうまでもない。また，1920年代から30年代の自由大学運動の論議から読み取れる「イデオロギー」，「国家と国民」，「エリートと民衆」，「青年中心」，「講師と学習者」という視点は，戦後，さらに強固に引き継がれたとさえいえる。宮原のラングランの生涯教育論を受容する以前の視点も，そのような戦前から引き継がれたパラダイムにもとづいていた。だからこそ，「生涯学習社会」に至るプロセスに関する宮原の期待が裏切られたと考えることができるだろう。宮原は，「国家と国民」および「学校教育と社会教育」の関係において社会教育を概念形成し，「イデオロギー」（デモクラシー）を基盤として，「地域共同体」を舞台に，おもに「青年（おとな）」に対して「学習活動の組織化」をはかったということができる。

　これらの視点は，宮原にかぎらず，ラングランの生涯教育論が登場する以前の社会教育論の多くに共有されていたものであろう。「国家と国民」が1959年の社会教育法の改正後，「権利としての社会教育」を要求する「国民の自己教育運動」のなかで，旧来の社会教育論の最も強固な視点となったことは指摘するまでもない。また，1950年代，新しい青年の学習として注目を浴びた共同学習運動は，「地域共同体」における「青年」組織を基盤に，民主主義という「イデオロギー」を具現化すべく，「教育の主体と客体」の構図を払拭する「学習活動の組織化」をはかり，国家権力への抵抗運動（「国家と国民」）を推進しようとしたとその特質を説明できる。ラングランの生涯教育論が登場する以前の社会教育論においては，おおむね，「国家と国民」，「学校教育と社会教育」，

第1章　生涯学習論の生成と展開　**15**

「子どもとおとな (青年)」,「イデオロギー」,「教育の主体と客体」,「地域共同体」,「学習活動の組織化」といった視点の複合体として, パラダイムが存立していたと考えることができるだろう。

(3) 変化する社会教育論におけるパラダイム構成の視点

では, 旧来の社会教育論におけるパラダイム構成の視点は, ラングランの生涯教育論の登場によってどのように変化したのであろうか。碓井正久によれば, 当時,「政府・財界という『体制側』が, その概念を占有し, 体制批判的人々を除外」するという事態が起きたが,「体制批判的人々」にも変化はあった。まず, そのいくつかを整理してみよう。

① 「社会と学習者」の視点へ　室俊司によるラングランの生涯教育論に対する反応は変化の象徴ということができる。室は, ラングランの生涯教育を「まさに, 教育理念として最高のもの……啓蒙的教育がめざす最高の段階」と位置づけつつも, 同時に,「一つの教育論というよりは, 現代社会の組織論と考えるべきではないか」という新たな見方を提起した。つまり, 生涯教育を, 教育システムの問題ではなく, より広く「教育システム・情報システム・社会システム」の組織化の問題としてとらえようとしたのである。「国家と国民」の視点を捨象しているわけではないが, 生涯教育論の提示する変革の射程を社会全体にとらえたことは特筆に価しよう。そうすることによって (室自身が自覚的であったか判断はできないが), 徐々にその視点は「国家と国民」から「社会と学習者」に移ることになる。実際, 室が問題にしたのは, 産業社会・情報化社会と学習者の関係あるいは知識 (情報) と学習者の関係であった。旧来のパラダイムで「国家と国民」の関係として論じられてきた権力作用が, 多様な要素間の関係において読み替えられる可能性が生まれたといえるだろう。

② 「学習者中心」の視点へ　また, 室は, ラングランの「統合」を, 学習者を結節とする統合概念として理解しようとした。ラングランは, 学校・家庭・工場などあらゆる場でおこなわれる教育が統合される必要性を指摘したが, 同時に, 生涯教育を「個人が自己自身と矛盾しないように統一し調和しようと努力をするもの」とも述べている。室はその箇所に注目して, 旧来のパラダイ

ム「学習活動をいかに組織化するか」ではなく，「認識論のレベルに視座を置き」[49]，学習者によって学習がいかに調整され組織化されるかを問うたのである。室は「学習者中心」の学習の組織化という新しい視点を提起したということができるだろう。

「子どもとおとな」あるいは「学校教育と社会教育の関係」という視点は，なお保持されてはいるが，室においては，旧来のパラダイムを形成する際の重要な視点である「国民と国家の関係」は徐々に後退し，「社会全体と学習者の関係」あるいは「学習者中心」の学習の組織化という視点が新たに付与されたといえるだろう。

③「企業社会と社会教育」の視点へ　倉内史郎の企業内教育についての研究も改革的な研究の萌芽であろう。「企業内教育は……これまでの社会教育研究にとっては波長が合わないというか，受け入れるべき場所が見出されないということがあったのではないか」[50]と倉内自身が述べるように，企業社会と社会教育の関係を問う視点は，それまでの社会教育論においては無視されてきたものであった。しかし，倉内は，「技術革新による労働過程の急速な変化」，「学校後の組織化された教育としての企業内教育」への注目の増大，労働者自身の教育問題への意識の増大を「状況が変わってきた」と判断した[51]。そして，学習者の自己管理的な学習活動を評価するとともに，企業内教育は企業側の「聖域」ではなく，労働組合も含めた労働者自身の参加が必要であると主張した[52]。

「企業社会と社会教育」という視点は，日本においてラングランの生涯教育論に「まっさきに反応を示したのは産業界であったようにおもわれる」[53]と波多野完治がいうように，財界からの影響を否定しえないが，1970年段階でこのような新たな視点が提案されたということは，当時の柔軟な学界の体質を証明するものかもしれない[54]。このように社会教育論が企業社会を対象とすることで，従前の「地域共同体」や「学校教育と社会教育」の関係を視点とする社会教育論とは異質な問いを立てる可能性が生まれたといえる。

しかし，こうした新たな視点が生まれていたにもかかわらず，なぜ社会教育

第1章　生涯学習論の生成と展開　**17**

論のパラダイム転換は90年代に至るまで問題にされなかったのか。どのような力によって，旧来のパラダイムが保存されてきたのであろうか。

(4) 「権利としての社会教育」論によって保持されるパラダイム

小川利夫は，『社会教育と国民の学習権』(1973)において，ラングランの生涯教育論をそれ以前の教育思想の系譜に位置づけ，パラダイムの延長を示唆するとともに，1960年代後半以降の生涯教育論を，「学校教育と社会教育のあり方そのものを含めた教育の全体構造の公教育的再編成理念ないし原理として……すぐれて現代的な意義がある」と意味づけている。小川の理解において「国家と国民」「学校教育と社会教育」の視点が遵守されているのがわかる。したがって，そうした枠組みでは，ラングランの「統合」は，「年齢的な発達段階の統合」「学校教育と学校外教育あるいは社会教育との構造的な統合」「学校教育における一般教育と専門教育における教育課程上の統合」という3つの意味に収斂されることとなる。碓井正久が指摘した「国際的な政治的緊張」「科学・技術の発展」等の「ドラスティックな変動」に対応するものとしての生涯教育の意義，およびそこから演繹される行政と企業・民間の連携，国際的な連帯は，まったく視野に入れられていない。「国家と国民」「学校教育と社会教育」の視点でとらえることによって，かえって生涯教育概念を矮小化してしまったということができるだろう。

また，1970年代当初，同様のパラダイムに依拠しつつ，生涯教育自体をラディカルに批判する方向もあった。その代表が持田栄一であろう。持田は，生涯教育を「1970年代の情報化・管理社会に対応するための体制側の教育戦略であり，近代公教育体制を前提としながらも，従来そこにおいて取り残されていた諸側面を『改良』し，かくすることによってそれをいよいよ効率化し，人間の生涯にわたって全面展開する，そして，それを情報化・管理社会の支配—秩序維持のカナメとする」ことが本質であると看取し，生涯教育論に「徹底した批判を加えること」を主張した。

さらに，島田修一と藤岡貞彦は，『社会教育概論』(1982)において，「日本の社会教育が，国民の手による国民教育創造運動を育てるものとして発展するか，

それとも『学習社会論』[61]に代表される福祉国家の教育計画の位置にとどまるかの岐路に立っている」という限定的な解釈をするとともに，前者を推進するスタンスで，社会教育法制下での社会教育実践と行政社会教育職員の重要性を主張した。藤岡は，さらに，1960年代後半より財界を中心に注目されていた自己実現・自己啓発の技法に対しても，「率直に今日の産業社会における労働者の疎外，アナーキイでアノミックな状況を承認する」[62]ものと否定した。藤岡は，経営への労働者の参加による学習効果というラングランの指摘や労働者の全員経営参加という日本生産性本部の提案（1971年）を十分に認知しつつも[63]，「国境をこえて体制をこえて一般的に『経営参加』がうたいあげられうるものであろうか」[64]と疑義を唱えたのである。

小川利夫をはじめとするこうした「権利としての社会教育」論の系譜は，国権の肥大化や生涯学習政策が管理主義的なシステムに陥る危険性を指摘するものとして重要な意味をもつが，一面，ラングランの提起した生涯教育論の意義の解釈としては限定的であるとの批判を免れえないであろう。ラングランの生涯教育論から新しい意義を見いだすことは，旧来の社会教育論の視点では難しい。今日，産業界を含む広範な領域で参加型学習等の新しい技法が開発・実践されている状況を鑑みると，藤岡の言説と現代の生涯学習が断絶していると感じざるをえない。「社会と学習者」「学習者中心」の学習の組織化あるいは「企業社会と社会教育」などの新たな視点が生まれたものの，「国家と国民」「学校教育と社会教育」という，より本源的な視点が強固であるために，旧来のパラダイムに回帰してしまうのである。こうした理論の閉塞が，生涯学習支援のシステム化において社会教育の周辺化という事態を招来するひとつの原因となってきたのではあるまいか。[65]

4　パラダイム転換の可能性

今日，社会教育論のパラダイム転換が起こる可能性は高まっているともいえる。1980（昭和55）年に設立された日本生涯教育学会においては，同学会の年

報の特集にその可能性が見て取れる。「生涯教育の展開」(創刊号，1981) から，「生涯教育と学校教育」(第3号，1982)，「生涯教育と社会教育」(第4号，1983) へと続く初期は，旧来のパラダイムを構成する「学校教育と社会教育」の視点が重視されているが，臨時教育審議会答申後は，「生涯学習社会と高等教育への期待」(第9号，1988)，「生涯学習援助方式の設計」(第12号，1991)，「生涯学習社会とボランティア」(第14号，1993) と新たな視点への探究がみられる。そして，2000年の第20号では，まさにパラダイムの点検としての「生涯学習研究の課題を問う」が特集されている。

一方，日本社会教育学会も，同年報第36集『生涯学習体系化と社会教育』(1997) 以来，「週休二日制・学校週五日制と社会教育」(第37集，1998)，「地方自治体と生涯学習」(第38集，1994)，「多文化・民族共生社会と生涯学習」(第39集，1995) や「ボランティア・ネットワーキング」(第41集，1997) など，生涯学習論への移行を想起させるテーマが選ばれるようになってきた。生涯教育のシステム化を基点とすると考えられる日本生涯教育学会も，社会教育活動に基盤をおくと考えられる日本社会教育学会も，生涯学習論の生成へと向かいつつあるように思える。それが，碓井のいう「ユートピア論」や「強大な権力への強い期待」に終わるのか，それとも「歴史的役割と長所を十分に吟味」した生涯学習論の生成に至るのか，は定かでないが，旧来の社会教育論を超克する可能性は徐々に高まっている。

もちろん，パラダイムの転換は簡単には起こりえない。現在においても旧来のパラダイムは保持され，新しいパラダイムと拮抗していると考えることができよう。

たとえば，上杉孝實は，「多くの人が正規教育を受けることを保障するには，学校教育と区別された社会教育概念には限界があり，より総合的な継続教育概念が必要になる」と考え[66]，フォーマルな教育としての学校に対するノンフォーマルな教育からの働きかけの重要性を述べている。この点，「学校教育と社会教育」との視点を問い直しているという意味で，新しいパラダイムにつながるものといえるだろう。

しかし，一定の制度化の進んだフォーマルな教育とノンフォーマルな教育の比較において学校教育と社会教育の関係を問うことは，日常生活の潜在的・顕在的な「インフォーマル・エデュケーション」[67]を視野の外におくことになる。それは，「学校教育と社会教育」の視点の問い直しを不徹底なものにすることになろう。なぜならば，インフォーマル・エデュケーションの視野なくしては，制度化された教育の内部だけでの改革は可能でも，「学習者中心」の学習の組織化は達成されないからである。

　したがって，上杉にあっては，「脱学校・脱カリキュラムよりもカリキュラムの再構成が課題となるのであり，この点でイリイチ（Illich, I.）やフレイレ（Freire, P.）とジェルピ（Gelpi, E.）は必ずしも同じではない。ジェルピは，フォーマルな教育を軽視するものではない」[68]と評することとなる。たしかにジェルピは，イリイチやフレイレに比べてフォーマルな教育を重視する。[69]イリイチは，人間が変化のイニシアティブをもつ「相互親和的」制度に対して，人間に規範を与え支配するあらゆる「操作的」な教育制度を批判した。[70]ノンフォーマルな教育であっても，それが「操作的」であれば，人間の主体性を喪失させるものとして，イリイチの批判の対象となる。しかし，イリイチやフレイレの評価は果たしてこれでよいのであろうか。

　イリイチの「ラーニング・ウェブ（learning webs）論」[71]は，「フォーマルな教育制度」[72]のなかで実現されるべきものとして構想されているという事実がある。「ラーニング・ウェブ論」とは，「教育的事物等のための参考業務」「技能交換」「仲間選び」「広い意味での教育者のための参考業務」[73]の4つを促進する人のつながりとしてのネットワークが整備され，そのなかで学習が生まれるという考え方である。「『何を学ぶべきか』という問いからではなく，『学習者は，学習をするためにどのような種類の事物や人々に接することを望むのか』という問い」[74]の重要性が指摘され，「学習者中心」の視点が打ち出されている。イリイチの構想は，いわば，日常生活のなかで人々が学習する「インフォーマル・エデュケーション」の発想をフォーマルな教育に組み込むことが目的とされたものである。旧来の役割とは異なるが，教師も専門的な教育者も指定されてい

る。こうした構想は，上杉においては非現実的なものなのであろうか。イリイチは，旧来の「学校教育と社会教育」，「近代教育の主体と客体」の視点にとらわれることなく，「インフォーマル・エデュケーションとフォーマルな教育」および「学習者中心」の学習の組織化という視点を提起したと解釈する必要がある。

　また，フレイレについての上杉の理解も，旧来のパラダイムにとらわれたものである。フレイレは，生徒を銀行，教師を預金者に見立て，知識や技術をあたかもお金のように教師が自由に出し入れする近代学校の教育行為を，「銀行型教育概念(the Banking Concept of Education)[75]と呼んだ。それは，生徒の主体性を奪うだけではなく，教師をも非人間化すると批判し，対話を中心概念とする「課題提起教育(problem-posing-education)」[76]を提唱した。課題提起教育は，学習者を取り巻く問題や課題を中心に据えて教師と生徒が対話をおこなうなかで，「教師であると同時に生徒であるような教師と，生徒であると同時に教師であるような生徒」[77]という主客二元論を超越した人間関係を生み出す教育である。今日の参加型学習の原点のひとつでもあり[78]，フォーマルな教育を否定するというものではない。その教育論のポイントは，テーマや学習対象を通しての教師と生徒の対話である。フレイレはカリキュラム自体を否定するのではなく，その作成プロセスを問題にすると解釈しなくてはならない。制度化された教育とそれを完全に否定する教育という二項対立的な見方では，フレイレの提起する意味は矮小化される危険性がある。

　上杉は，「学校教育と社会教育」の視点をとらえ直そうとしているにもかかわらず，インフォーマル・エデュケーションとフォーマルな教育との関係を視野に入れないために，イリイチやフレイレの示唆する意味を幅広く解釈しえなかったのではないか。旧来のパラダイムと新しい視点の拮抗した関係が，上杉の論理構造から見て取れる。

　もちろん，そうした拮抗関係を内面化しているのは，上杉だけではない。社会教育に関係している人々，すなわち，学習者・実践家・研究者はすべて旧来のパラダイムと新しい視点の矛盾のなかに位置している。学界の動向を見ると，

パラダイムの転換の可能性は確かにある。しかし，旧来のパラダイムは依然として強固に保持されていると考えてよかろう。新しい視点との矛盾を克服してパラダイム転換へ至るには，どのようなプロセスが必要なのか，そこが問われなければならない。

現在，さまざまな方面からパラダイムの転換を求める動きが生まれている。たとえば，フーコー（Foucault, M.）の「近代教育学の〈精神〉を共有せず，教育的配慮の自己増殖に落着しない」[79]といわれる近代教育批判や，世代を分断的にとらえないエリクソン（Erikson, E.H.）のライフサイクル論[80]，徒弟制度に再度注目するレイブ（Lave, J.）らの状況的学習論あるいはイリイチのラーニング・ウェブ論を具体的に構想する金子郁容のネットワーキング論[81]などがそうである。そして，もちろん，現実の教育変動は，生涯学習システム化に資するパラダイムの転換を求めている。[82]社会教育に関係する人々こそ，そうした動きをあらゆる場で〈学習〉する必要がある。[83]種々の学習形態を体験し，異なる価値や異質な人間と遭遇することによってのみ，新しい視点を自らに内面化させることができるのではないか。その意味で，柔軟に研究・学習・実践の場を求めることが必要であろう。自らの視点に固執し他を受け入れない姿勢は避けなければならない。新しい視点と旧来のパラダイムとの拮抗関係を意識化し，関係する人たちとの交流を通じて新しいパラダイムが形成されていくこととなる。旧来の社会教育論と整合的に生涯学習論が生成されるためには，社会教育に関係する人々の〈学習〉のプロセスが不可欠ではあるまいか。

注

1）UNESCO/ED/219, PARIS, 23 February 1966, p.8. ユネスコ第3回成人教育推進国際委員会のラングランのワーキング・ペーパーは，波多野完治訳「生涯教育について」日本ユネスコ国内委員会編『社会教育の新しい方向』日本ユネスコ国内委員会，1967として訳出されている。また，波多野完治『生涯教育論』小学館，1972参照。

2）フォールレポート（1972），学習権宣言（1985），成人学習に関するハンブルク宣言（1997）などのユネスコを中心とする提言のほか，OECD（経済協力開発機構）のリカレント教育（1973）など。

3）同答申は，社会教育行政が他部局と連携を進めていくことを提起しているにすぎない

が，首長を中心とする行政組織全体の体質改善がその実現には不可欠であろう。
4）とりわけボランティア活動は，生涯学習の成果を生かす場としても注目されている。1997年生涯学習審議会答申「生涯学習の成果を生かすための方策について」参照。
5）学習概念は，ハンブルク宣言においては，「フォーマルな学校教育や継続教育」「ノンフォーマルな学習」「インフォーマルな学習」「副次的な学習」と分類されている。また，渋谷英章は，教育と学習を同義ととらえるクームス（Cooms, P.H.）の概念を援用して，高度に制度化・組織化された教育を「フォーマル・エデュケーション」，制度化・組織化されていないあらゆる学習を「インフォーマル・エデュケーション」，学校外の制度化・組織化された教育を「ノンフォーマル・エデュケーション」と分類する。渋谷英章「フォーマルエデュケーション」「インフォーマルエデュケーション」「ノンフォーマルエデュケーション」日本生涯教育学会編『生涯学習事典』東京書籍，1990, p.43-45参照。
6）碓井正久は，1975年発刊のRichmond, W.K., *Education and Schooling*, Methuen, 1975におけるシュワルツ（Shwarz, B.）やイリイチ（Illich, I.），ミッター（Mitter, W.）らの生涯教育論争を「将来における教育を構想し実施していくことは，西欧社会ではかなりの無理があるといえ，ペシミズムに陥っているようである」という。碓井正久「生涯教育論」小川利夫編『現代社会教育の理論』（講座現代社会教育Ⅰ）亜紀書房，1977, p.291-292.
7）*Ibid.*, p.291.
8）学習社会は，ハッチンス（Hutchins, R.M.）が *The Learning Society*（1968）において提起した概念であるが，その後，ユネスコ・フォールレポートで再解釈され，1981年中央教育審議会答申では学歴社会に対置する概念として提起された。フォールレポート『未来への学習』[*Learning to Be: The World of Education Today and Tomorrow*, 1972]第一法規出版，1982参照。また，学習社会概念の国際的展開は，新井郁男『学習社会論』（教育学大全集8）第一法規出版，1982に詳しい。
9）宮原誠一「社会教育の本質」宮原誠一『社会教育論』（現代教育101選29）国土社，1990, p.7-45参照（初出：宮原誠一編『社会教育』光文社，1950）。
10）*Ibid.*, p.35.
11）*Ibid.*, p.38.
12）*Ibid.*, p.39.
13）*Ibid.*, p.39.
14）*Ibid.*, p.39.
15）*Ibid.*, p.43-44.
16）*Ibid.*, p.44.
17）山本恒夫は，社会教育と学校教育の連携を示す狭義の学社融合と「社会の中のさまざまな教育・学習活動と学校教育がその一部を共有したり，共有できる活動を作り出す」

ところの広義の学社融合を区別し、前者は後者の過渡期に必要とされる施策方針に過ぎないと構造化している。学社融合の今日的展開については、山本恒夫「学校と社会の接点——学社融合の展開」山本恒夫『21世紀生涯学習への招待』協同出版, 2001, p.124-174 参照。
18) 宮原は大正デモクラシー下の上田自由大学や昭和初期より始まった生活綴方運動、アメリカのコミュニティ・スクール等に注目していた。宮原誠一, *op.cit.*, p.34-35 および宮原誠一「社会教育の歴史的理解」宮原誠一, *op.cit.*, p.51-66 参照（初出：『社会教育の再編成』〈講座教育社会学Ⅷ〉東洋館出版社、1957）。
19) 宮原誠一「社会教育の本質」*op.cit.*, p.43-44.
20) 宮原は、社会教育の発達形態を3つに分類し、広義の社会教育の内実を説明する。すなわち、「学校教育の補足としての社会教育」「学校教育の拡張としての社会教育」「学校教育以外の教育要求としての社会教育」である。こうした社会教育概念を宮原は「歴史的範疇としての社会教育」と呼ぶ。宮原誠一「社会教育の本質」*op.cit.*, p.15-24 参照。
21) *Ibid.*, p.24.
22) *Ibid.*, p.35.
23) *Ibid.*, p.18-24 参照。宮原は具体的に「現職教育」「余暇善用」「精神指導」「生活改善」「青年運動」「労働者教育」の6方面での活動を「学校教育以外の教育要求」とする。
24) *Ibid.*, p.27.
25) 宮原は欧米の社会教育の歴史的展開を分析するなかで、「支配的階級の上からの術策としてそれが展開された筋合いについてみても、要するに民衆の下からの要求がそれをよびだしたのである」という。宮原が「学校教育以外の教育要求」による社会教育の発達を、国家に対峙する国民の教育要求に期待していたことは明らかであろう。*Ibid.*, p.28-29 参照。また、宮原「生涯学習とは何か」宮原誠一編『生涯学習』東洋経済新報社、1974 では、「国民の手で、地域と職場に根ざして国民教育を創造していくこと」の重要性を謳っている (p.9)。
26) 渡邊洋子は、生涯学習が「批判側」によって本格的に構想されるようになったのは、1980年代後半からであり、それまでは生涯教育・生涯学習の政策化自体への批判に終始してきたという。日本の生涯学習施策に対する「批判側」の動向については、渡邊洋子「日本における『生涯学習』概念の検討」日本社会教育学会編『生涯学習体系化と社会教育』（日本の社会教育第36集）東洋館出版社、1992, p.178-189 に詳しい。
27) 宮原誠一「生涯学習とは何か」*op.cit.*, p.7.
28) この点に関しては、佐藤一子も生涯学習政策が「国家的要請であるとともに、一定の社会的要請に対応する施策であるともいえよう」と認めている。佐藤一子「生活文化の創造と生涯学習」『月刊社会教育』1989年4月号, p.15 参照。
29) 松下圭一『社会教育の終焉』筑摩書房、1986, p.67. 松下は、「都市型社会が成熟し、

市民の文化水準が高くなって高位平準化がはじまり，市民自体の文化活動が活発となれば，日本の社会教育の存在理由がなくなる」と主張する。
30）「国民の自己教育運動」とは，「権力による国民練成のための『教化』を排し，歴史的に獲得された自由と人権を担い発展させる国民を形成する，自主的・集団的な国民教育創造の努力」（島田修一・藤岡貞彦『社会教育概論』青木書店，1982，p.8）のことである。日本国憲法第 26 条「教育を受ける権利」を拡張して社会教育を国民の権利ととらえる「権利としての社会教育」論における中心概念で，宮原の「勤労大衆を中心とする国民の教育権」を要求する運動と同義。小川利夫『社会教育と国民の学習権』勁草書房，1973，p.37-39 参照。
31）たとえば，平成 11 年度文部省社会教育調査では，図書館が 2693 館，博物館が 1045 館であるのに対して公民館は 1 万 9062 館（ただし類似施設も含む）もある。また，宮坂広作も「社会教育はもっぱら公民館が実施するものという通念が生じるようになった」という。宮坂広作『社会教育の政治学』明石書店，1991，p.69.（初出：『現代国家と社会教育』「東京大学教育学部紀要」第 23 巻，1984）
32）クーン（Kuhn, T.S.）『科学革命の構造』[The Structure of Scientific Revolutions, The University of Chicago Press, 1962] 中山茂訳，みすず書房，1971 およびその解説書として中山茂『歴史としての学問』中公新書，1974 参照。
33）小川剛は，1992 年発刊の『生涯学習体系化と社会教育』の総論において，「教育の世界は例外というわけにはいくまい」とパラダイム転換の必要性を認めている。その背景には，社会教育基礎理論研究会のパラダイム転換を志向する研究の成果があるが，それすら 1980 年代後半のことである。小川剛「生涯学習の体系化と社会教育」日本社会教育学会編，op.cit., p.10-11 および社会教育基礎理論研究会『自己教育の思想史』（叢書生涯学習 I）雄松堂出版，1987 参照。
34）クーン「まえがき」op.cit., p.5.
35）より広くいうと，たとえば，ある著作における論の立て方，すなわち論文構成が広義のパラダイムともいえるが，必ずしも時代特殊性・領域差異性の高いものではないという理由でパラダイムと呼ぶことはできない。鈴木敏正は，いくつかの著作の構成を比較して時代間の思想の差異を明らかにしようとしているが，パラダイム比較としての意味は乏しい。鈴木敏正『自己教育の論理』筑波書房，1992，p.26-38 参照。
36）北田耕也「明治啓蒙と社会教育」碓井正久編『日本社会教育発達史』（講座現代社会教育 II）亜紀書房，1980，p.4 参照。
37）小川利夫は，「大正デモクラシーと社会教育」碓井正久編，op.cit., p.119-178 において，土田杏村の理念に端を発した信濃自由大学，上田自由大学，伊那自由大学の比較をおこない，そこでの論点を歴史的事実として紹介している。「政治権力からの自由をいかに確保するか」「青年の学習をいかに組織化するか」「官製御用学者を排する講師をいかに立てるか」が問いとして立てられていたようだ。

38）注30）参照。
39）小川利夫は，戦後社会教育論の系譜を，社会教育の啓蒙論，民衆論，官庁論の3つに分類するが，それは「国家と国民」の視点での分類に他ならない。小川利夫『社会教育と国民の学習権』勁草書房，1973，p.94-103参照（初出：吉田昇・田代元彌編『社会教育学』誠信書房，1959）。宮坂も「戦前日本の社会教育も戦後のそれも，国家権力とのかかわりで展開」されていたという（宮坂, *op.cit.*, p.64）。
40）「共同学習」運動については，日本青年団協議会勤労青年教育特別委員会『共同学習のまとめ』1955参照。共同学習とは「集団（共同体）が必ずはなしあいや実践をとおして，みんなのちからで自主的に学習をおしすすめるかたち」とまとめられている（p.1）。
41）そのほか，倉内史郎が「戦前……社会教育に関する学的把握，理論的構成をめざした点においてきわだっていた」と評する春山作樹の言説からは，「教育の主体と客体」，「学習の組織化」，「学校および家庭における教育と社会教育の区分」を視点として抽出できる（倉内史郎『社会教育の理論』第一法規出版，1983，p.63）。倉内が指摘するように，宮原の「デモクラシーとテクノロジー」は，春山の「社会教育の組織化を可能ならしめるものは何か」というパラダイムに対する答え（内容）に他ならない(p.70)。
42）碓井正久「生涯教育」小川利夫編『現代社会教育の理論』（講座現代社会教育Ⅰ）亜紀書房，1977，p.278. また，この論稿では，フランス，イギリス，西ドイツにおける生涯教育論の受容過程が明らかにされている。それによると，ラングランの生涯教育というアイディアは，学問的に突然変異として生まれたものではなく，ヨーロッパの教育的伝統の上に提起されたものであることがわかる。しかし，一方で，ラングランの生涯教育論は，現代社会のドラスティックな変動を背景に，国連という権威に裏打ちされて具体的な計画化を求めたものであるという点で従来のものと異質であり，計画化に対しては，フランスにおいてさえ抵抗があったと指摘されている（p.277-284参照）。
43）室俊司「教育システムと成人学習の可能性」日本社会教育学会編『生涯教育の研究』（日本の社会教育第16集）東洋館出版社，1972，p.48.
44）*Ibid.*, p.50.
45）*Ibid.*, p.51.
46）*Ibid.*, p.50-51 参照。室は「学習に価する情報（知識）は何かの問題が，学習者自身によって，検討され，確かめられなければならない」と述べている。
47）室俊司, *op.cit.*, p.49-51 参照。
48）ラングラン『生涯教育入門』全日本社会教育連合会，1971，p.60.
49）室俊司, *op.cit.*, p.70.
50）倉内史郎「現段階における企業内教育の問題」倉内史郎編『労働者教育の展望』（日本の社会教育第14集）東洋館出版社，1970，p.46.
51）*Ibid.*, p.48-51.
52）*Ibid.*, p.59.

53) 波多野完治, *op.cit.*, p.1.
54) ただし、やはり他の研究者との軋轢も看取できる。1972年の『日本社会教育学会紀要』における書評では、倉内史郎編『労働者教育の展望』に関して倉内の執筆箇所のみ言及がないのは、きわめて不自然であろう。『日本社会教育学会紀要』No.7, 1971, p.93参照。
55) 小川利夫, *op.cit.*, p.163.
56) *Ibid.*, p.179参照。
57) 碓井正久, *op.cit.*, p.272参照。
58) 小川利夫が引用する波多野完治の批判に自ら落ち込むことになろう。波多野は、1970年代初頭の生涯教育の受容状況を批判して、「一方では、職場の再教育というふうに矮小化する方向と、他方では『生涯教育』を『教育そのもの』とみて、これを極端に『拡散』し、これによって問題の現代的意義をぼやけさせてしまう傾向」があると指摘した（波多野完治『生涯教育論』小学館、1972, p.2）。小川利夫はそれを受けて、「生涯訓練としての生涯教育」を批判するが、本文に表記した意味で「現代的意義をぼやけさせてしまう傾向」に陥っているのではないか。小川利夫, *op.cit.*, p.173-178参照。
59) 持田栄一「教育の『現代』的位相」持田栄一『持田栄一著作集第6巻』明治図書、1979, p.121.
60) *Ibid.*, p.121. なお、持田栄一の生涯教育論については、持田栄一『生涯教育論——その構想と批判』明治図書、1971および持田栄一「生涯教育論——その本質をどのようにとらえるか」室俊司編, *op.cit.*, p.3-26も参照。
61) 「はしがき」島田修一・藤岡貞彦編『社会教育概論』青木書店、1982, p.5.
62) 藤岡貞彦「自己啓発論批判覚書」室俊司編, *op.cit.*, p.114.
63) ラングランは、労働者が経営に参加することによって、「責任感」や「経営構造についての知識」が得られるという。ラングラン, *op.cit.*, p.89.
64) 藤岡貞彦, *op.cit.*, p.115.
65) 現代においても、旧来のパラダイムを保持する傾向は看取しうる。たとえば、姉崎洋一は、「社会教育の法概念と公共性認識」日本社会教育学会編『現代社会教育の理念と法制』（日本の社会教育第40集）東洋館出版社、1996において、1980年代以後の「新たな問題構成」のひとつとして「カテゴリー・パラダイム転換の問題」をあげるものの（p.30）、松下圭一や高梨昌の「社会教育行政の不要論」（p.30）に、島田修一・小川利夫の「社会教育としての生涯学習」（p.31）を対置させ、結局、小川利夫の「生涯学習（権）としての社会教育」（p.31）を「社会教育の諸概念を生涯学習（権）の理念から、再解釈することで現行法の権利論の再構築が試みられた」（p.32）と評価する。これは、「国家と国民」を視点とするパラダイムに他ならず、姉崎のいう「パラダイムの転換」は、パラダイムのなかで求められる答え（内容）の変化にすぎないということがわかる。もっとも、同年報自体が、「国の政策・行政レベルの法概念、法解釈……（略）……における

『社会教育』の概念把持」を「研究の柱」(「はじめに」p.3)のひとつとして,「国家と国民」の視点を再度強調するものでもある。また,そこでは「地域・自治体を基盤とする社会教育実践の創造をつうじて社会教育制度理念がどのように創造的に形成されうるか」(p.3)という問いの立て方がされている。それが「地域共同体」の視点であることはいうまでもない。

66) 上杉孝實「生涯学習体系のもとでの学校と社会教育」日本社会教育学会編『現代社会教育の理念と法制』*op.cit.*, p.65.
67) 注5) 参照。
68) *Ibid.*, p.63. ただし, 本文欧文名筆者。
69) ジェルピは,「生涯教育は政治的に中立ではない」(ジェルピ〈Gelpi, E.〉『生涯教育』[*Lifelong Education*, 1979] 東京創元社, 1983, p.17) として抑圧と解放を強調したため, 旧来の社会教育論, とりわけ「権利としての社会教育」論の文脈で解釈される傾向がある。たとえば, 酒匂一雄は, 堀尾輝久の「国民の学習権保障」の観点でのジェルピ解釈(堀尾輝久「三つの生涯学習論」ジェルピ他著『生涯教育のアイデンティティ』エイデル研究所, 1988, p.146-151) を受けて,「これこそ戦後の社会教育が掲げてきた理念ではないかという想いである」と, 旧来の社会教育論のパラダイムにジェルピを収斂させてしまった(酒匂一雄「わたしたちの生涯学習をどうつくるか」月刊社会教育編集部『生涯学習の時代をひらく』国土社, 1989, p.26-39)。

しかし, ジェルピがその生涯教育論で提起する視点は, はたして旧来のパラダイムに収まるものであろうか。たとえば, ジェルピの「生涯教育の主要な軸の一つは, 学習とは人間生活の定められた時間と空間でのみ行なわれるものではない, という事実である。労働の場, 家族や情操生活, 余暇, 政治, 文化, 宗教体験, 地域生活, 市の立つ場, つまり全環境がわれわれの学習の意義のある場の装置である」(p.35) という文言からは,「学校教育と社会教育」という視点, あるいは「企業社会と社会教育」という視点さえ, 彼の認識枠組みの一部に過ぎないことが看取できる。ジェルピの理論には再解釈をさらに必要とする潜在的可能性が確かにあるといえるだろう。

70) イリッチ, I.(Illich, I.)『脱学校の社会』[*Deschooling Society*, Harper & Row, 1970] 東洋・小澤周三訳, 東京創元社, 1977, p.104-105.
71) *Ibid.*, p.135-189 参照。
72) *Ibid.*, p.140.
73) *Ibid.*, p.146.
74) *Ibid.*, p.144.
75) フレイレ, P.(Freire, P.)『被抑圧者の教育学』[*Pedagogy of the Oppressed*, 1970] 小沢有作他訳, 亜紀書房, 1979, p.73-79 参照。
76) *Ibid.*, p.79-88 参照。
77) *Ibid.*, p.81.

78) 角田尚子「越えるために教える自由の実践としての教育」人権教育研究所編『人権教育』（解放教育別冊第 13 号）明治図書，2000，p.6-13 参照。
79) フーコーの近代教育学批判については，フーコー（Foucault, M.）『監獄の誕生』[*Surveiller et punir:naissance de la prison*, 1975] 田村俶訳，新潮社，1977 参照。監視の視線を内面化し自らを律する囚人とのアナロジーで近代教育学が批判されている。
80) 今井康雄「教育学批判の系譜」原聰介他編『近代教育思想を読み直す』新曜社，1999，p.284.
81) エリクソンのライフサイクル論については，エリクソン（Erikson, E.H.）『自我同一性』[*Psychological Issues−Identity and The Life Cycle*, 1959] 誠信書房，1973 およびエリクソン・エリクソン（Erikson, E.H. & J.M.）『ライフサイクル，その完結（増補版）』[*The Life Cycle Completed*, 1997] みすず書房，2001 参照。アイデンティティを軸とした生涯発達の観点から「子どもとおとな」の二分法の非科学性を示唆する。
82) レイヴとウェンガー（Wenger, E.）が，徒弟制の現代的再解釈を通して提起した概念。状況的学習の典型として正統的周辺参加が提示されている。レイブ・ウェンガー（Lave, J. & Wenger, E.）『状況に埋め込まれた学習』[*Situated Learning−Legitimate Peripheral Participation*, 1991] 佐伯胖訳，産業図書，1993 参照。
83) 金子郁容『ネットワーキングへの招待』中央公論社，1986 参照。ネットワーキングとは，個と個の自発的なつながりのなかで新たな意味や価値が生まれるような組織化の形態を指す。ピラミッド型の組織に対抗する組織概念である。また，ボランティア・ネットワーキングについては，金子郁容『ボランティア──もうひとつの情報社会』岩波新書，1992 に詳しい。

第2章　生涯学習論の国際的展開
——開発と基本的ニーズ

前平　泰志

1　開発と生涯教育の国際関係

　本章では、主として生涯学習やそれに関係する概念の国際的な次元を取り扱うことを目的にしている。

　かつて植民地国として従属的な地位に甘んじていた多くのアジア、アフリカ、ラテンアメリカ諸国が、第2次大戦後、次々と独立を達成し、国際的な舞台に登場してきた。それらの国々は、あるときは「後進国」と呼ばれ、あるときは「未開発国」と呼ばれ、またあるときには「開発途上国」と外部から名づけられてきた。このような名称からも明らかなように、これらの国々にとって常に「開発」はキーワードであった。なぜなら、彼らは政治的には独立したものの、経済的には今なお植民地時代の鉄鎖から脱却できず、未開発や低開発の状態にあえいでいた。多くの開発途上国にとって、開発とは西欧の諸国をモデルとして経済成長を達成することであると考えられていた。

　この時期の国際的な教育戦略は、西洋によって制度化されてきた普遍的な学校教育を独立直後の「後進国」にも与えることが主な柱であり、そしてその恩恵に与れない、すでに学校教育の年齢を超過した、読み書きのできない成人に対しては識字教育を与えることが副次的に想定されていた。国際的な場においては、子どもや青年に対して制度化された学校教育の普遍化がまず、問題にされたのであって、成人たちへの教育はマージナルなものと位置づけられていたのである。

　だが、これらの西欧化や近代化の牽引車としての教育の果たす役割の重要性

は早くから意識されていたにもかかわらず，近代的な開発の失敗同様，教育もまた，低開発の状態に押しとどめられることを余儀なくされた。他方，1960年代末から70年代初めにかけての社会，経済，文化をはじめとするあらゆる地殻変動は，国民国家の枠組みを超えた人類社会共通の課題に対応できるようなグローバルでオールタナティブな新しい教育の理念が地球規模で求められてくる。〈生涯教育〉の理念はこのような要請に応えて国際社会に登場した理念である。

　教育制度自体の危機も先進工業諸国，開発途上諸国を問わず進行していた。その当時関係者のなかで，世界中で最も読まれた教育書のひとつはフィリップ・クームスの著した『教育の世界的危機』[1]であった。この書に拠れば，この危機の源泉は，新しい教育ニーズを満たすには伝統的な構造では不十分なことにあった。もとよりそれは，科学・技術的な知識の急速な陳腐化，コミュニケーションや情報手段の大量の展開，世界人口の急速な増大，教育制度のニーズへの不適応等々のようなさまざまな要因が絡み合って発生した危機ではある。理論的，実践的な知識の急速な老朽化は，永続的に変化し続ける社会に対応するための継続的な職業的，専門的訓練を学校卒業後においても必要としていた。とはいえ，このような問題意識を前にして従来の狭い限定された国家の枠組みで解決するには，それはあまりにも複雑であった。UNESCO（ユネスコ）[2]，ILO（国際労働機関），OECD（経済協力開発機構）[3]，Council of Europe（ヨーロッパ評議会）[4]，European Community（ヨーロッパ共同体，後の European Union）などの国際政府間機構あるいは，ローマクラブなどの非政府間機構と呼ばれる国際組織が競合するように，〈生涯教育〉やリカレント教育などの新しい状況に対応する概念を，それぞれ固有の組織的な目的や機能にもとづいて発展させてきたのは，偶然ではない。国家の枠組みを超えた国際的な協力と調整が何よりも必要であったからである。

2　生涯教育という思想——西欧から国際機関へ，そして制度化へ

　そもそも教育は，その共同体や個人の存続のためには生涯にわたって営まれ

る社会的な実践であったことを想起するとき，生涯教育の思想や実践は，たとえ同一の概念がなくとも，いかなる時代，いかなる社会においても，見いだされるはずである。したがって，それぞれの社会には特有の生涯教育に関する言説が生産されていると考えて間違いない。そのように考えると，われわれが欧米中心の生涯教育の言説の生産にのみ注目することは，本質を見誤ることとなるだろう。

　とはいえ，実際には先にみたように，生涯教育の概念が創造されていく過程において国際機関が担った役割はきわめて大きい。この国際機関の本部もまた世界の中心部である欧米諸国に設置されている。同時に，国際的なアリーナに登場する前には，この概念はすでに欧米のとりわけ，ヨーロッパの社会や国家の教育政策や実践として提示されていたことを想起する必要があるだろう。ユネスコの生涯教育論は，ポール・ラングラン（Lengrand, P.）の果たした貢献が大きいが，彼は若い頃から自国フランスでの在野の教育運動のリーダーであり，ナチス占領下での対独レジスタンスの経験をももっている。ラングランの生涯教育の思想はこのような社会的，歴史的な経験なしには成立しえないものである。他方，OECD のリカレント教育は，スウェーデンの社会民主党の教育政策に由来している。生涯教育の思想は，大方の教育革新の理論や実践と違って，アメリカに誕生した思想ではない。フランス語の〈生涯教育〉éducation permanente の生涯にあたる形容詞 permanente は，英語の lifelong とはニュアンスを異にしている。アメリカ人が「生涯教育」に違和感を覚えるのは，単に教育という観念にアレルギーをもつといったものではない。それはアメリカに生涯教育の思想や実践が存在しないというのでもない。アメリカには，成人教育の長い伝統があり，社会進歩や改革への道具として成人教育を位置づける成人教育の実践者が数多く存在する。また同時に職業教育的な志向も市民のなかに根強く見いだされる。生涯教育よりも，継続教育という概念のほうが多く人口に膾炙されてきたのである。

　いずれにせよ，政府間機構，非政府間機構を問わず，さまざまな国際的なチャンネルを通して生涯教育という表現は完全に正当化され，ナショナルなレベル

で制度化の時代を迎えることとなる。制度化のメカニズムは国によってさまざまに異なっている。国家，雇用者，労働者の三者の協定によって労働者の継続訓練を積極的に推進しようとする，フランスの1971年の法律は，この法的制度化の典型であろう。他方，生涯教育という新たな市場が出現するなかで，生涯教育の学習者は新たな顧客として市場に投げ込まれている。歴史上初めて教える時間と空間を占有した制度＝学校を生み出したのは西欧近代であった。この制度はまさに近代の産物であった。だが来るべき未来のなかで，学校の果たす比重は相対的に小さくなっている。近代制度としての学校は，現在新たな全面的な社会的，組織的な再編成に直面しているのである。ここでは教育だけが問題ではない。教育，労働，余暇等，社会生活のあらゆる側面——生涯教育の観点からいえば水平的側面——と誕生から死までの垂直的な側面の両者を統合させた，新しい人間の登場が企図されているのである。

3 開発の戦略——オールタナティブなアプローチ

　開発途上国にとって生涯教育の概念はどのような意味をもつのだろうか。この概念がすべての開発途上諸国において直接的に受け入れられたわけではなかった。それは生涯教育という理念を壊さないかぎりにおいて，より途上諸国にふさわしいタームによって表明されている。〈ノンフォーマル教育〉や〈人間の基本的ニーズのための教育〉という概念は，ある意味で生涯教育を開発途上国に適合した概念であるということも可能である。開発のオールタナティブな戦略として用いられている人間の基本的ニーズと教育の関係を批判的に再検討することによって，側面から生涯教育（学習）の問題点を考察してみたい。

　国連が提起した「第1次開発の10年」の終焉は，先に述べたように成長戦略の終焉を意味するものであったが，それは同時に西欧型の開発モデルを措定して，そのモデルに『追いつけ，追い越せ』といった開発政策のモデルに反省を促すものであった。だが，1970年代より人間を中心にした開発アプローチを模索することになり，以後さまざまなオールタナティブなアプローチが現れるこ

ととなる。そのいくつかを紹介しておきたい。

自力更生　　自力更生（Self-reliance）とは，自助努力ともいわれ国際的に存在する経済や文化の従属のリンクを断ち切るために，各国の固有の伝統を尊重しながら内発的な発展をめざす概念である。民衆の基本的なニーズを満たすことはもちろんのこと，草の根からの民衆参加や国内市場の発展がその戦略となる。第三世界の諸国の自信を取り戻し，相互の連帯の可能性を探るアプローチである。内発的発展論ともいわれる。かつての中国，北朝鮮，タンザニアの社会主義の実験がそのように呼ばれることもあったが，その失敗によって今日ではほとんど公の席で語られることがなくなった。しかしながら，内発的発展への志向は，ローカルな場を舞台に言語や文化，教育などの領域で活動するNGOなどは常に意識していると思われる。

持続可能な開発　　地球規模での環境破壊が進行するにつれて，エコロジーへの関心が高まってきた。生涯学習とエコロジーの関係を最初に唱えたローマクラブの『成長の限界』[5]は，その先駆である。地球環境資源の有限性ということが意識されるだけでなく，同時代を超えた未来に対する責任の倫理も開発の次元において自覚されるようになったのは，1970年代のことである。この「持続可能な開発」は未来の世代が享受する経済的，社会的な利益を損なわない形での現在の世代のニーズを満たすことのできる環境を利用していこうとする考え方のことである。このニーズはとりわけ世界中の貧しいものの本質的なニーズを表明することに主眼をおいており，また現在の世代のニーズと未来の世代のニーズを満たすための環境の能力には技術的にも社会組織的にも限界があることが強く自覚されることとなっている。1972年にストックホルムで国連の場で初めて環境問題が議論された「国連人間環境会議」を経て，1992年リオデジャネイロでの「地球サミット――環境と開発に関する国連会議」の「環境と開発に関するリオ宣言」および21世紀に向けた人類の行動計画を示したアジェンダ21によって，持続可能な開発という概念は完全に国際的に認知された概念として今日に至っている。

農村開発　　開発途上諸国の多くは，少数の近代産業部門と圧倒的な多数を

占める農業部門の経済から成り立っている。これが、いわゆる二重経済である。1970年代に始まったこの農村開発は後述する基本的ニーズの戦略と結合させることによって農村の貧困層を底上げする効果的な開発戦略として構想されてきた。この概念は、開発を工業化と同一化する観念を排し、農業部門の開発を再志向しようとしたものである。農村開発のアプローチには、その国や地域の実情に応じて多様な手法が認められるが、そのなかでプロジェクトを基盤にした農村開発は、識字教育や種々の教育を含む点で、注目すべき概念である。開発の多くを外国の援助機関やNGOに依存する従来型の開発手法では、インフラストラクチャー（ダム、灌漑、電化計画等）の構築のような多額の資金を要するプロジェクトには適しているかもしれないが、その地域の資源と人材を最大限に活用しながら開発をおこなうといったことには不向きであるという理由から、正当化されてきた。

そこで農村開発では、農業生産性を上昇させるための知識や技能を学ぶための講習会（農業エクステンション）や基本的な健康と教育サービスの促進のためのプロジェクト（家族計画、栄養教育、識字プログラム）、さらには生活協同組合や自助グループのような地域の自律性を高めるような社会組織をつくり上げていくプロジェクトといった類のいわゆる地域の底上げをめざすプロジェクトが重視されたのである。

コミュニティ開発　農村開発の概念と並んでよく用いられるのにコミュニティ開発という概念がある。この概念はそこに住むコミュニティの人々自身の創意を汲み上げる形で人的資源を開発しようとする戦略である。コミュニティ開発の主要な目的は、生活の諸条件を改善するために、住民自身の自助と相互扶助の形態をとることから出発するが、技術的その他の手段を補助手段として効果的に使用するために外部の援助機関に委ねることを否定するわけではない。コミュニティ開発は、一国全体の構造の変革をめざすことを目的とするのではなくて、むしろコミュニティ内部の人間変革や住民自身の社会的ネットワークの創設に力点がある。

4 教育のオールタナティブ戦略――ノンフォーマル教育

　開発途上諸国においては，生涯教育や生涯学習という概念が直接教育開発の戦略や援助の重要な鍵概念として現れることは少ない。むしろ学校制度を含むフォーマルな教育へのオールタナティブな概念として，第2次世界大戦後使用されてきたのはノンフォーマル教育という概念である。とはいえ，この概念もまた，疑いなく国際的なアリーナから創造された用語であり，当初から成人教育，継続訓練，生涯学習と密接に関係してきた。

　ユネスコの付設研究所IIEP（国際教育計画研究所）の所長であったフィリップ・クームス（Coombs, P.）はノンフォーマル教育の概念の創造にかかわる初期の貢献者であるが，彼は次のようにこの教育を定義している。

　　成人および子どもを含む，民衆の特殊な下位集団に，ある種の選択されたタイプの学習を提供するためにフォーマルなシステムの枠組み以外に遂行される，組織された，体系的な一切の教育活動。[6]

　ノンフォーマル教育は，その後UNICEFその他の国際機関に瞬く間に浸透していったが，元来は，NGOのさまざまな機関が，健康，農業等の分野で貧民の状況を改善するために開発援助の文脈で主として実践家たちの間で使用されてきた用語であった。1970年代，教育が開発のなかで主要な鍵のひとつとして位置づけられるようになったとき，その用語は実践家から教育開発のプランナーの手に渡ることになる。

　生涯教育は，フォーマル教育，ノンフォーマル教育，インフォーマルな教育の統合であるとしばしば提唱されるけれども，とりわけ第三世界にあって，フォーマル教育に代替するノンフォーマル教育は，一国の開発戦略にとってきわめて魅力的な戦略に見えた。というのも，フォーマルな教育システムは，そのかかるコストの膨大さに比較してあまりにも効率が悪いこと，急速に変貌する社会・経済・技術の変動に対応できないこと，真に必要な人々の教育ニーズに応える

というよりは，都市の一部のエリート層にのみ，その恩恵が享受されえないこと等の理由から，フォーマルな教育に代わる種々さまざまな形態のオールタナティブが求められていたのである。

　ノンフォーマルな教育の活動内容とその伝達方法はきわめて多岐にわたっている。通信制コース，地方に設置された夜間クラスの形態やラジオ，テレビ，ヴィデオを通じた知の伝達が模索される。内容の面もさまざまである。基礎教育の伝達に限定するところもあれば，特殊な技能の訓練を目的とするところもある。

　1990年のタイのジョムティエンで開催された『すべての人に教育を世界会議』[7]の国際委員会の定義によれば，上記のサービスをより広い包括された開発の概念（基本的ニーズ戦略）のなかで基本的学習ニーズとして定義されている。内容は，読み書き，計算を中心とした識字教育，健康，家族計画，変動や開発のための動機づけ，法のリテラシーや権利の覚醒などの基本的知識と技能から始まって，収入の創出や農業拡張サービスのための技能，技術職業訓練のような特殊な技能の養成まで，さまざまである。

5　人間の基本的ニーズ——展開と批判

　先に述べたこれらの戦略は，すべて開発における基本的ニーズ戦略を多少とも反映させたものであり，現在でもこの精神は基本的に継承されていると考えてよいだろう。その意味ではこのアプローチの歴史と射程を再考することの意義は少なくないといわねばならない。以下，国際的なアリーナへの登場の経緯を記しておこう。

　このアプローチは，もともとアメリカの草の根グループの地域活動から発生したものといわれているが，この概念が最初に国際機関のなかに導入されたのはILOが嚆矢であるとされている。

　従来の開発のアプローチが大規模工業開発優先のアプローチであったことを反省し，収入の再分配を含む一国内の社会構造の変革にまで踏み込んで，社会

開発的な視点を提唱したことは高く評価されうるであろう。

　1976年，ILOの世界雇用会議の行動計画は，「基本的ニーズ」を次のように2つに分類して規定している。

　ひとつは，個人の消費としての家族に必要な最小限のニーズ（食糧，衣類，住居および若干の家庭用品や動産）であり，もうひとつは，コミュニティ全体が必要とする集団的なニーズ（安全な飲料水の供給，衛生，電気，公共輸送，健康等）の最小限を満たすことである。教育は後者のニーズのなかに分類されている。人権や雇用は基本的な人間のニーズの手段であり，また同時にそれ自体が目的であるとされた。[8]

　1977年，OECD（経済協力開発機構）の内部組織である「開発援助委員会」（DAC）もまた，ILOの行動計画の後を受けて基本的ニーズの観念を採択した。OECDは，その委員会に付けられた副題の通り，「人間の基本的ニーズと経済成長を軸にした開発のための協力に関する開発援助委員会の加盟国の宣言」を表明した。[9]

　このような人間の基本的ニーズを開発戦略の新たな次元として位置づける動きは，政府間機構の国際的なアリーナでのみおこなわれていたわけではない。NGOとしての世界教会会議もまた，国際正義の実現のための自立と連帯という会議のなかで，人間の基本的ニーズを満たすことの重要性を説いている。イヴァン・イリイチ（Illich, I.）やパウロ・フレイレ（Freire, P.）に影響を受けたであろうこの会議は，基本的ニーズの実現こそが社会的な正義の闘いの中心であることを主張していた。

　従来型の開発に代わるもうひとつの開発を志向する流れは，開発途上国の開発政策に最も大きな影響力をもつ世界銀行がこの流れにシフトしたことで決定的になる。社会の最貧層のニーズの最低限のレベルの満足をみたすことを目的にしたこの戦略は，一国の収入の全体の引き上げよりも，開発の経済的な恩恵を最貧層にまで行き届かせるという富の再分配のほうに重心がおかれていた。

　このように人間の基本的ニーズにもとづいた開発戦略は，下からの草の根運動から国際機関まで多様な組織が諸手を挙げて賛成する戦略として国際的に認

知されてきたといえる。だが，この戦略は，国際的な政治，経済構造の観点からみるとき，以下のような点で批判や不満が噴出することとなる。

ひとつは，この概念の意図するところが旧来の開発志向のオールタナティブをめざしたものにもかかわらず，結果的には現存する生産関係の秩序を維持することに終わるのではないかという強い危惧である。基本的なニーズに依拠するとは，社会の最貧層にミニマムなニーズに見合ったものしか与えないことによって，この秩序の永続化を狙う支配層にきわめて有利な概念ではないかというわけである。しかし，他方この基本的ニーズの戦略は途上国の政治的なリーダー層からも批判が噴出する。基本的なニーズに開発の戦略を限定することは，現在の世界秩序が国際的な不平等の交換体系からもたらされたものと考えるよりも，国内的な矛盾の構造のほうにより解決すべき問題が急務であるということを国際的に認知することである。基本的ニーズを唱えているかぎり，産業諸国から開発途上諸国へのハイテクノロジーの移転は速やかにおこなわれないだろう。ローマクラブその他からの反開発のエコロジカルな戦略もまた，彼ら途上諸国の開発プランナーからみれば，結局利益を得るのは，〈北〉のすでに発展した国であって〈南〉の今なお途上にある国ではないのだ——このような不満から，彼らにとってこの概念は〈北〉のよく考えられた罠のように映ってしまう。

基本的ニーズは，しかしながらもうひとつの困難な本質的な問題を抱えている。先の批判が国際政治—経済秩序をめぐる種類のものであるとすれば，もうひとつの批判は文化的な類のそれである。アメリカのヒューマニスティック心理学者のマズローから着想を得たであろうと思われる基本的ニーズという概念は，しかし，世界大まで拡張され規範化されていくとき，すこぶる危険な文化的バイアスを内包するようになる。

世界の各国の政治や社会的文化的コンテクストが異なるときに，〈基本的〉とは，何をさすのか，いかなる基準をもって普遍化が可能なのか。基本的なニーズと基本的でないニーズとはどこでどのように区別されうるのか。そもそものような区別を誰が判断し，決定するのか。この基本的ニーズの概念は「人間

の」（ヒューマン）という形容詞が付加されている。しかしニーズについて，人間と他の社会的動物とを区別するためには，あらゆる動物がもつ生存のための生理的，身体的な要件と人間のもつ文化的，社会的な要件が区別して明示されなければならない。そのような区別はいったいどこまで可能なのであろうか。

6　人間の基本的ニーズと教育

　人間の基本的ニーズのアプローチが教育について語るとき，この教育は制度化された教育である学校教育を指し示しているのではなく，以下のようにむしろ広い意味での生涯教育を示唆しているように思われる。

　しかしながら，この概念が，教育の分野に拡張されるとき，その曖昧さはますます増幅される。

　1974年に発行された世界銀行の『部門別報告書：教育』のなかで先述のフィリップ・クームスは次のような「基礎教育」の考えを提案していた。

　　基礎教育の付与は資源の不足による重大な制約にもかかわらず，教育にまったくアクセスできない大多数の民衆のニーズに応えることである。重要なことは，学校教育制度に取って代わることではなくそれを補完することである。……多くの国において，この教育の主要な道具は，初等教育のレベルであるが，それは次のような点で「普遍的な初等教育」とは異なっている。
　1．基礎教育の目的と内容は，機能的な見地からみて，一定の集団の〈最小限の教育ニーズ〉を満たすこととして定義されるのであって，例えば初等教育レベルを意味するような教育程度として定義されるのではない。
　2．基礎教育の対象者（ターゲット集団）は，必ずしも就学年齢の子どもではない。多様な年齢集団（子ども，青年，成人），種々の社会経済的な性格（都市あるいは農村の集団，女性，特定の開発プログラムの参加者）等がその対象なのである。
　3．基礎教育を付与する〈行政システム〉は，人々のニーズと活用資源の制

約にしたがって，さまざまな国におけるさまざまな形態（再構築された小学校，非学校型のプログラム，両者の形態の組み合わせ）を取るだろう。[10]

　基本的ニーズと教育の関係は，二重の関係である。一方で教育はそれ自体基本的ニーズとして考えられる。他方，それは他の基本的ニーズの満足を促進するための重要な道具を構成している。

　基本的教育ニーズとは何か　先述したように基本的ニーズのための教育は基礎教育の観念をふまえており，その観念の中心には〈最小限の学習ニーズ〉という考え方が取り入れられている。だがこの〈最小限の学習ニーズ〉という観念は，大きな議論の余地の残された概念である。なぜなら，この観念もまた，基本的ニーズの概念についてと同じような疑念が即座に湧いてくるからである。〈最小限〉とは，何をさすのか，このニーズは，社会や文化のコンテクストが異なるところで，いかなる基準をもって普遍化が可能なのか。最小限のニーズと最小限でないニーズとは，どこでどのように区別されうるのか。そもそもそのような区別を誰が判断し，決定するのか，といった問いかけを呼び込んでしまうことは避けがたい。

　問題はそれだけではない。生涯学習の観点にたつとき，この観念の曖昧さは如何ともしがたい。フォーマルな教育を語るとき，われわれは，量化しうる単位として，たとえば就学年数のように最小限の学習を定義することも可能だろう。しかしながら，学習が学校教育と同義でないとき，学習の最小限の量はどのように測定可能なのであろうか。ましてや生涯教育は，フォーマル，ノンフォーマル，インフォーマルなそれぞれの教育の統合だといわれているのである。ミニマムな学習量を設定していくことは，人々がそこに住む環境のなかで種々の物事をインフォーマルな形で学んできたし，これからも学び続けるであろうということを見えなくしてしまう。学習量を単純に累積化することは不可能とはいわないまでもきわめて困難な作業なのである。何をどの程度，どのように学ぶかを決定するのは，究極的にはその社会的コンテクストのなかの学習者に委ねられているのである。

以上のようなラフな批判的スケッチからもわかるように、オールタナティブな開発＝オールタナティブな教育＝人間の基本的ニーズのための教育という単純な等式は成立しない。また、基本的ニーズを満たす教育を実践する政府や地域活動家が進歩的であるというわけでもない。

　開発が経済成長と同義の時代は終わったとして、その国、その地域の民衆にとって経済成長以外の多くのより切実な諸要因——雇用、貧困、収入の分配、健康の状態や教育の水準等——といった社会福祉の諸指標がより重視されるべきだとする、基本的ニーズアプローチは、しかしながら、現在の世界的な経済不況の時代を迎えて、身動きがとれないようにもみえる。開発途上諸国の政府の多くは、今なお生産性の増強に強い関心を示しており、その内部の権力や資源の不公正な再分配の構造にメスを入れるよりも、この開発のための手段となる教育の果たす役割をあらためて模索している。これを正当化するために、新古典派経済学に依拠した「人的資本論」が新たな衣装をまとって登場しているのもこの理由に他ならない。この意味で、ジェルピ（Gelpi, E.）のかつて語った「生涯教育の二重の性格——抑圧の手段か解放の道具か」[11]は今なお問われ続けているのである。

注 ─────
1) Coombs, P. 『現代教育への挑戦』[*The World Education Crisis: a System Analysis*, New York: Oxford University Press, 1968, p.68] 池田・森口・石附訳、日本生産性本部、1969.
2) Lengrand, P. 『未来の学習』[*Introduction à l'éducation permanente*, Paris: Unesco, 1970. Unesco, *Learning to be*, Paris, 1972] 国立教育研究所内フォール報告書検討委員会訳、第一法規出版、1975.
3) OECD, *Recurrent Education: A Strategy for Lifelong Learning*, 1973.
4) Conseil de l'Europe, Education permanente, *Recueil d'études commnadités par le Conseil de la Coopération Culturelle*, Strasbourg, 1970.
5) ローマクラブの生涯学習に対する考え方は次の著書に詳しい。ボトキン他『限界なき学習』大来佐武郎監訳、ダイヤモンド社、1980.
6) Coombs, P. & Ahmed, M., *Attacking Rural Poverty: How Nonformal Education can Help*, Baltimore: John Hopkins Press, 1974. クームスらは、フォー

マルな教育を「下位の初等学校から上位の大学に至るまで，制度化され，時間的に段階化され，階層的に構造化された教育システム」と定義し，インフォーマルな教育を「日常の経験と環境への直面から誰もが知識，技能，態度を獲得して行く〈生涯の過程〉」と定義している。

7) World Conference on Education for ALL: Basic Learning Needs, 5-9 March 1990, Jomtien, *Thailand Final Report*, New York: Inter-Agency Commission, WCEFA (UNDP, UNESCO, UNICEF, World Bank), 1990.

8) ILO, *Meeting basic needs:Strategies for eradicating mass poverty and unemployment*, Geneve, 1977.

9) Déclaration des members du Comité d'Aide au Développement, relative à une coopération pour le développement axe sur la croissance économique et les besoins essentiels de l'être humain, OECD, 1977.

10) International Bank for Reconstruction and Development, *The assault on world poverty: problems of rural development, education and health*, John Hopkins University Press, 1975.

11) エットーレ・ジェルピ (Gelpi, E.)『生涯教育——抑圧と解放の弁証法』前平泰志訳，東京創元社，1983.

第3章　生涯学習政策の国際的展開
―― 非先進地域からの問題提起としての「識字」

永井　健夫

1　非先進地域の「貧しさ」と生涯学習

　生涯教育のアイディアを提起したラングランは，生涯教育が必要とされる背景として，現代の人類が深刻な「挑戦」に直面していることを指摘する。その1つにあげられているのが「人口の増大」である[1]。実際，20世紀の初頭に17億人ほどだった地球人口は1950年ごろには25億人に，そして20世紀末にはほぼ60億人に達し，さらに21世紀の半ばには90億人近くまで増大すると見込まれている。

　この爆発的な人口増加の主な舞台となっているのが発展途上諸国である。その国々の多くが貧困に苛まれ続けており，多少の経済成長が生じたとしても，それは人口の増大に見合う社会基盤の整備を可能にするほどのものではないようだ。そこには貧困の呪縛ともいえる状況がみられる。一方，いくつかの国々は圧倒的な経済力を誇っている。たとえば，国民総生産（GNP）に注目してみると，1999年の場合，「高所得国」（1人当たり所得が9266ドル以上の国）に生活する人の数は8億9100万人で，その国々のGNP総計は22兆9213億ドル，世界全体（29兆2321億ドル）の78.4％となっている。それに対して，「低所得国」（1人当たり所得が755ドル以下の国）に住んでいるのは24億1700万人で，その国々のGNP総計は9876億ドルで，世界全体の僅か3.4％である[2]。地球人口の2割に満たない先進国居住者が世界全体の8割に相当する経済的繁栄を享受し，人類の8割以上を占める非先進地域の人々が2割分の経済力を分け合い，そのうちの24億人以上の人々が1日当たり2ドルまたはそれ以下の生活水準を強

いられているのである。すなわち,「豊かさ」が歪な形で偏在しているのが今日の地球社会の実情である。

ところで,ラングランの問題提起以降,生涯教育・生涯学習の考え方が発展してきた経緯を振り返ってみると,そこには,成人教育の意味内容とその共有範囲が拡大してゆく流れを見て取ることができる。つまり,成人教育は,教養教育としてだけでなく経済発展や社会変革を支える手段としても理解・実践されるようになり,地球社会全体が次第に強い関心をもつようになった。このことは,たとえば,ユネスコが主催する国際成人教育会議の参加者数の変化にも現れている。1949年に開かれた第1回のエルシノア会議に参加したのは,西欧を中心とする27カ国と24の国際機関の代表106名であった。その約半世紀後に開かれた1997年のハンブルグ会議の場合,135の国々のほか国連関係の機関,NGO,財団や研究機関などの代表も合わせ,1400名を越える参加者数となった。

上に述べた通り,国の数や人口という点からみれば,資本主義経済の発達した欧米型の国家というのは少数派であり,発展途上の国,貧困に喘ぐ国のほうが多数派である。この多数派が成人教育の議論にコミットすることにより,富める国の尺度だけでは看過されかねない視点が培われてきたという面がある。すなわち,成人教育の概念が深化・拡大してゆく——つまり,生涯学習の考え方が発展してゆく——過程は,先進国が現代社会の急激な変化への対処策を模索する過程であったと同時に,その国々とは異なる条件にもとづいて成人教育の課題と可能性が探求・提起される過程でもあったといえる。

2　2つの事例から

ここで,2つの国について,その成人教育にかかわる歴史を概観してみよう。

(1) ブラジル

ブラジルは,ポルトガルによる植民地支配と独立後の帝政を経て1889年に共和制に移行した。共和制に移ってからも,支配者層は一般民衆の教育に高い

関心を抱かなかった。20世紀に入って，教育の拡充・普及が国家的な課題であると徐々に認識されるようになる。第2次世界大戦期にブラジルのバルガス独裁政権が成立する以前には，リベラリズムの思潮に影響された教育政策もおこなわれた。

戦後，ポピュリズムの政治状況が続くなかで，政府はブラジルの全国農村教育運動（1952年）やブラジルの全国非識字撲滅運動（1958年）などを計画・実施する。前者は成人基礎教育の普及をはかるもので，生活課題や個人的・国民的な義務・権利についての理解，経済発展プロセスへの参加などが成人の教育課題とされた。後者は非識字を社会・経済的問題ととらえ，成人の生活実情に即した教育方法を重視するものであった。また1960年代前半にはカトリック教会と学生たちによる識字教育運動も広がり，政府もこれに協力した。1964年には，フレイレ（Freire, P.）を責任者として，200万人に対して学習機会を提供するブラジルの「全国識字教育計画」が立案された。だが，その年の軍事クーデター以降，ブラジルは軍政に移行し，この計画は実施されないまま終わる。

この間，1967年にはブラジルのMOBRAL（ブラジル識字運動）を設立する法律が，また1971年には青年・成人に対する補習教育（ensino supletiv）に関する法律がそれぞれ制定された。とくに前者にもとづく教育活動は1970年代を中心に大々的に展開されることになる。そのプログラムの内容は，識字教育，学校教育の補習，職業訓練，コミュニティ生活，文化活動など，多岐にわたっている。しかし，MOBRALは投じられた資源に見合う効果を十分に生み出さないまま終わり，軍政終了後もブラジルには識字教育・基礎教育の充実が重要な社会的課題として残存した。その後，1988年には教育の権利保障に関する国家の義務を明記した共和国憲法が制定され，1996年にはブラジルの国家教育指針基本法（LDB）が制定されるなど，識字と基礎教育の充実・普及に向けた政策が引き続き展開されてゆくのであった。[3]

(2) 中華人民共和国

中国は，古代から歴々と続いてきた帝政が1911年の辛亥革命によって終わった後，国民党と中国共産党の抗争の時期を迎え，1937年からは日本の侵略戦

争を被ることになった。ようやく1949年になって共産党が支配権を握り，現在の中華人民共和国の成立に至った。当時の中国にとっては新国家の建設を担う人材の育成が焦眉の課題であった。建国の年の12月，第1回中国の全国教育会議が開かれ，識字教育の全国展開が呼びかけられた。翌50年，中央人民政府政務院は，識字教育を主，政治・技術教育を従とする「労働者・職員の余暇教育展開に関する指示」を発した。また同年の第1次中国の全国労農教育会議は識字教育の強化を求めた。その後，農民や労働者を対象に中国の「速成学校」（幹部養成）や中国の「業余学校」（余暇利用による教育）が設置され，識字を中心とした基礎教育，さらには中等教育以降の教育などが押し進められた。こうして基礎教育の普及や中級・上級の人材養成が急速かつ大規模に進められ，中国の教育状況は大幅に改善されてゆく。しかし，1950年代終わりの大躍進運動期の後，中ソ対立や大規模自然災害によって経済情勢が厳しくなり，さらに1965年以降の文化大革命によって国内情勢は混乱していった。

　文革の終結後，1975年に示された「（農業・工業・国防・科学技術の）四つの現代化」が政策の基本路線となり，「改革・開放」政策のなかで教育体制の近代化も進められた。1985年の中国の全国教育工作会議は「教育体制の改革に関する決定」を表し，9年制義務教育の施行，中等教育における職業技術教育の充実，高等教育機関の自主化，教育権限の地方委譲など，教育改革の基本方針を明らかにした。また1987年には，国家教育委員会が「成人教育の改革と発展に関する決定」を発表した。そこでは，成人教育が教育システムの重要な構成要素と位置づけられ，現職教育，義務教育未了者への基礎教育，在職者への中等・高等の専門教育，高等教育修了者への継続教育，文化・生活に関する教育が成人教育の任務とされている。とくに在職者への中国の現職教育が重視され，80年代半ば以降，職務訓練制度や資格制度の導入がはかられ定着してゆく。また，職工初等学校，農民技術研修学校，ラジオ・テレビ中等専門学校，職工高等教育機関，一般大学の夜間部・通信教育部など，成人教育のための機関も拡充されていった。生涯教育に対する関心も次第に高まり，1993年には，共産党中央および国務院による『中国教育改革・発展要綱』において中国の

「終生教育」(=生涯教育)が主要な教育目標として位置づけられるに至った。[4]

　ブラジルは第三世界の国であり，中国は社会主義体制の国家である。ここに取り上げた2つの国がそれぞれの典型というわけではなく，また，一つ一つの国ごとに教育の歴史と現状は多様である。しかしながら，程度の差はあれ，非識字問題の克服と基礎教育の普及が社会政策上の主要課題であったという点は共通している。

3　第三世界の教育状況

(1)　第三世界における基礎教育

　「第三世界」の語義はいくつかあるようだが，ここでは資本主義陣営にも社会主義陣営にも属さない第三の国際勢力という意味でとらえておく。[5] アジア，アフリカ，ラテンアメリカなどに位置するそれらの国々は，経済的に「発展途上」の状況にある。先述のブラジルのほか，ハイチ（1802年），アルゼンチン（1816年），あるいはリベリア（1847年），エジプト（1922年）など，比較的早い時期に独立した国もある。しかし，第三世界諸国の多くは第2次世界大戦後に植民地支配を脱して独立に至った新興国である。そこでの教育状況はどのようなものであったか。ある統計によると，1960年の時点における初等教育段階の就学率は表3-1の通りである。

表3-1　1960年当時の初等教育就学率

世界全体	63%	アフリカ	34%	北アメリカ	98%	ラテンアメリカ	60%
		アジア	50%	ヨーロッパおよびソ連	96%		
		オセアニア	95%	アラブ諸国	38%		

（出所）Faure, E. et al., *Learning to Be: The World of Education Today and Tomorrow*, Unesco, 1972, p.286 所収のtable10による。

　初等段階の教育機会の保障さえ，第三世界諸国の多くにとっては困難であったことが窺える。それは，社会と文化を担うべき国民を育成できないという点できわめて深刻な状況である。換言すれば，それらの国々，とくに独立間もな

い新興国家にとっては，教育制度の確立と教育の拡充・普及が急務であった。国際社会もその解決のための援助に取り組み，たとえば，ユネスコは義務教育の普及に向けた支援事業をラテンアメリカ，アジア，アラブ，アフリカの4地域を対象に展開した（それぞれの地域ごとに「サンチアゴ・プラン」「カラチ・プラン」「ベイルート・プラン」「アジスアベバ・プラン」と呼ばれる）。いずれも1960年前後に始まり10年あるいは20年というスパンで構想された長期計画で，各地域の国々に無償の義務教育制度を整えることが目標とされた。こうした国際社会の協力や各国独自の努力が重ねられ，その後，第三世界諸国における初等教育段階の就学率は徐々に向上していった。[6]

ちなみに，初等教育段階の「総在学率（gross enrolment ratio）」の推移を見てみると表3-2のようになっている。注意を要するのは，「総在学率」とは実際の年齢に関係なく在学者の数を法的に在学すべき年齢層の人口で割ったものであり，100%が最上限とはならないという点である。したがって，1995年段階の100%というのは初等教育が完全に普及したことを意味しない。法的に在学すべき年齢の在学者をもとにする「純在学率（net enrolment ratio）」を1995年について見た場合，たとえばセネガルは54%，サウジアラビアは62%，チリは86%，マレーシアは91%などとなっている。基礎教育の充実という問題は未だに克服されていない地球的課題である。[7]

表3-2　総在学率の推移

「発展途上国（developing countries）」			
1970年 81.2%	1980年 94.9	1990年 98.8	1995年 100.0
「後発開発途上国（least developed countries）」			
47.6	66.0	65.8	69.8

（出所）ユネスコ編『ユネスコ文化統計年鑑1999』永井道雄監訳，原書房，2000，p.36-38収載の統計（「教育段階別総在学率」）にもとづく。

(2) 第三世界における成人非識字の問題

義務教育制度の未発達は直接的には子どもたちが被る問題であるが，やがて少年・少女たちは成人する。基礎教育の不十分な状況が改善されないかぎり，

表3-3　1950年頃における世界の非識字率の推定程度

地　　域	人口 全年齢 (百万人)	成　人 (15歳以上)	成人非識字率 の程度 (％)	成人非識字者数 (百万人)
アフリカ	198	120	80-85	98-104
北アフリカ	65	40	85-90	34-36
熱帯地域および南部アフリカ	134	80	80-85	64-68
アメリカ	330	223	20-21	45-47
北アメリカ	168	126	3-4	4-5
中米	51	30	40-42	12-13
南アメリカ	111	67	42-44	28-29
アジア	1376	830	60-65	510-540
南西アジア	62	37	75-80	28-30
中南部アジア	466	287	80-85	230-240
東南アジア	171	102	65-70	68-72
東アジア	677	404	45-50	180-200
ヨーロッパ (ソ連を含む)	579	405	7-9	28-36
北欧・西欧	133	102	1-2	1-2
中欧	128	96	2-3	2-3
南欧	131	95	20-21	19-20
オセアニア	13	9	10-11	1
世界全体	2496	1587	43-45	690-720

(出所) Unesco, *50 Years for Education*, 1997, p.123 に再掲載された *Courie* 誌収載の表にもとづく。

　識字力に乏しい成人は増え続けてゆく。その意味では，初等教育制度の問題は成人教育的な課題でもある。第三世界においては，植民地支配を被ったという歴史的・政治的背景や西欧社会と異なる文化的背景のために，人々は何世代にもわたって基礎教育の機会から遠い所に置かれ続けた。ゆえに新興国は，基本的な識字力を習得していない無数の成人を抱えた状態で出発せざるをえなかったのである。

　旧植民地が独立に向かい始める頃，非識字者の人口はどの程度であったのか。ユネスコ発行の *Courier* 誌 (1958年3月号) で紹介されたデータによれば，[8] 1950年頃の推計は表3-3の通りである。また，その記事によると，当時のユネスコのとらえ方としては「意味理解を伴って読むことができ，かつ日常生活に関する短い単純な文を書くことができる」状態が「識字」とされたという。世界

表3-4　15歳以上の非識字者の推定人口（単位：100万人，1985-2005年）

	1985			1995			2005		
	男女	女性	女性の百分比	男女	女性	女性の百分比	男女	女性	女性の百分比
世界全体	885.9	560.1	63.2	884.7	564.7	63.8	869.5	558.2	64.2
先進地域および移行地域（旧社会主義諸国）									
	22.5	15.6	69.3	12.9	7.9	61.6	8.6	5.0	58.4
後進地域	863.3	544.4	63.1	871.8	556.7	63.9	860.9	553.2	64.3
サハラ以南のアフリカ									
アラブ諸国	132.0	80.6	61.1	140.5	87.1	62.0	145.4	91.0	62.5
	59.8	37.1	62.0	65.5	41.2	62.9	69.4	44.1	63.5
ラテンアメリカ／カリブ									
	43.8	24.5	56.0	42.9	23.4	54.7	41.2	21.9	53.3
東アジア／オセアニア									
	258.5	177.8	68.8	209.9	149.5	71.2	152.9	112.7	73.7
中国	205.4	141.6	68.9	166.2	119.5	71.9	118.4	89.1	75.3
南アジア	370.4	224.3	60.6	415.5	256.1	61.6	456.1	285.0	62.5
インド	265.9	164.0	61.7	290.7	182.7	62.8	308.8	196.6	63.7
後発発展途上国									
	144.7	87.0	60.2	165.9	100.8	60.7	188.1	115.1	61.2

（出所）Unesco, *World education report 1998* (*Teachers and teaching in a changing world*), 1998, p.105 収載の Table 2 をもとに作成。

　全体で7億の人々がこの識字力を欠いた状態にあり、その大半がアフリカ、中南米、アジアの人たちであった。それらの地域における成人非識字者の合計は、少なく見積もって、6億5千万人となり、世界全体の非識字成人の9割を占める。また、当時の同地域の成人人口の合計は約10億5千万人であるが、これは平均で6割を超える成人非識字率という意味である。第2次世界大戦後、こうした現実のなかで新たな成人教育のあり方が模索され始めることになる。

　その後、半世紀を経ても地球社会は非識字の問題を克服していない。2005年の推定値を見てみると、識字率は全体で81.4％（つまり、非識字率は18.6％）と予測されており、「率」は改善されている。しかし、依然として8億を越える非識字人口が見込まれており、とくに「後発発展途上国」における非識字人口は増加し続け、「率」の改善も鈍い（表3-4および3-5を参照）。この厳しい現実のもと、1997年のハンブルグ会議においては「社会・文化・政治・経済

表 3-5　推定成人識字率（百分率，1985-2005 年）

	1985			1995			2005		
	男女	男性	女性	男女	男性	女性	男女	男性	女性
世界全体	72.5	79.7	65.4	77.4	83.6	71.2	81.4	86.7	76.1
先進地域および移行地域（旧社会主義諸国）	97.5	98.4	96.7	98.7	98.9	98.4	99.2	99.3	99.1
後進地域	62.9	73.0	52.5	70.4	78.9	61.7	76.4	83.3	69.3
サハラ以南のアフリカ	45.6	56.7	34.9	56.8	66.6	47.3	66.9	74.9	59.2
アラブ諸国	46.4	59.9	32.2	56.6	68.4	44.2	65.9	75.6	55.9
ラテンアメリカ／カリブ	82.4	84.3	80.5	86.6	87.7	85.5	89.6	90.1	89.1
東アジア／オセアニア	75.2	84.7	65.3	83.6	90.6	76.3	89.8	94.7	84.7
中国	72.5	83.4	60.9	81.5	89.9	72.7	88.5	94.5	82.3
南アジア	42.9	56.3	28.5	50.2	62.9	36.6	57.2	68.8	44.9
インド	44.6	58.9	29.3	52.0	65.5	37.7	59.3	71.3	46.4
後発発展途上国	40.5	51.9	29.2	48.8	59.5	38.1	56.7	66.3	47.0

（出所）Unesco, *World education report 1998* (*Teachers and teaching in a changing world*), 1998, p.106 収載の Table 3 をもとに作成。

活動に参加する契機となるものであり，生涯にわたる学習を促す触媒でもある」として識字が意味づけられ，誰もがこの識字を得られるよう，すべての人々に学習機会を提供することが「最も緊急の課題」であると謳われた[9]。ここには，国際社会が識字問題を深刻に受け止めるだけでなく，識字の可能性を積極的に意味づける姿勢が現れている。それは20世紀の半ばの時点とは違った識字観である。この半世紀の間，非先進地域の成人教育に対する国際的関心が深まってゆき，そのなかで識字観も変化してきたのである。

4　成人教育と識字——エルシノアからモントリオール，そして東京へ

(1) エルシノア会議における途上国問題

ユネスコ主催の国際成人教育会議は，20世紀の終わりまでに5回開催され，

成人の教育・学習に関する理論と実践の国際的発展に大きな影響を与えてきた。1949年の第1回会議は，成人教育の国際的な協力関係の再構築と東西の和解を期して開催された。主な参加国が西欧・北欧諸国であったことも手伝って，議論はヨーロッパ中心の関心に沿って進められた。それは成人教育のとらえ方に現れている。たとえば，会議の中心人物のひとり，イギリスの全国成人教育連合会の事務局長は，成人教育を自発的な教育ととらえ，その目的を「職業的価値に直接に関係することなく個人の能力や適性を啓発して，地方と世界の市民としての，社会的・道徳的・知的責任を高揚すること」と定義しようとしたのだが，そこでは学習者が識字能力を得ていることが前提とされた。[11]

明らかに，こうしたとらえ方は当時の発展途上諸国にとって共有できない成人教育観であった。事実上，エルシノア会議は西側先進国のための会議であったようだ。ただし，発展途上国の問題が全く看過されていたわけではない。たとえば，会議の報告書は「教育が遅れている地域では，成人教育の効果的なプログラムが着手されていないからといって人々が読めるようになるのを待つ必要があるというわけではない」[12]と指摘し，個人の自立と文化の発展につながる識字を途上国の人々が身につけるべきだと論じている。あるいはまた，「平和に必要な条件の一つとして開発途上国における生活状況の改善があり，成人教育はこれに貢献すべきである」[13]とも宣言されている。しかしながら，途上国の現実を細かく検討できるほどの条件は整っておらず，会議としては「成人教育が遅れている国」に対する国際支援の必要を提起する程度にとどまらざるをえなかった。エルシノア会議は発展途上国の成人教育をめぐる国際的な支援・議論の出発点であったかもしれないが，国際成人教育会議が第三世界にとって実質的な意味をもち始めるのは第2回会議からであった。

(2) モントリオール会議での変化

1960年にカナダのモントリオールで開かれた第2回会議には51の国，46の非政府機関，および5つの国際機関の代表約200名が参加した。[14]第1回会議後，10年あまりの間に多くの独立国が誕生し，1960年には国連加盟国が99カ国に達した。これは，エルシノア会議が開催された年に比べると2倍近い数である。

それらの新興国からも含め,「アフリカ (8ヶ国), アジア (10ヶ国), 南米 (8ヶ国) などの第三世界をはじめ社会主義諸国からの参加もえて, 名実ともに世界会議の名にふさわしい」[15]会議となった。したがって, その議論には途上国の実情が反映され, 識字教育や職業技術訓練も成人教育の重要な領域として検討された。識字や職業訓練は経済的な自立・発展の前提条件にかかわる問題であり, これらが注目されたということは成人教育における経済的次元が国際的に認識されたという意味でもある。結果として得られた最終報告においては, 非識字撲滅のための特別基金の設置が提言されたほか, 経済発展と成人教育に関する次のような提言も盛り込まれた。

　当会議は次のように認識する。さまざまな国々のニーズがあるなかで, 各政府および国連機関は経済発展, とりわけ発展途上国における経済発展に最も高い優先順位が与えられるべきであると。経済発展を進めるための措置を十分に活用しそこに参加できるよう, これらの地域における成人の人々の態勢を早急に整えさせなければならない。このことに対して当会議は各政府および国連機関の注意を促す。当会議はさらに, 経済およびその他の多様な開発の一部として, また国連の経済開発に向けた技術支援の拡大プログラムの一部として成人教育を扱うよう, 各政府および国連機関に求める。[16]

多くの途上国は, 長らく植民地経済の道具的役割を強いられてきたのだが, 今度は, 工業化によって拡大してゆく世界経済の流れに直接的に対峙することとなる。工業化が世界を1つにしつつあるのが当時の世界状況であった。それは単に産業構造が工業化へと向かったというだけの意味ではない。途上国における産業や財政の状況は先進工業国の経済情勢と連動し, 両者は同じ独立国として共通の利益構造のなかに位置づくようになったのである。こうした状況を認識し, モントリオール会議は先進国と第三世界の関係を「共にひとつの世界を構成するものどうし」ととらえるに至った。しかしながら,「ひとつの世界」に向かわせる工業化や経済発展の波は, 文化的伝統や習慣の破壊という代償を

強要する。産業の近代化には西欧的な技術的合理性にもとづくテクノロジーと価値観の普及がともない、途上国に自生してきた方法や考え方は「非合理」なものとして捨て去られることになる。これが放置されるままであれば、世界の多様性は失われてしまう。モントリオール会議ではそうした文化的危機に対しても関心が寄せられ、伝統文化を守る手段としての成人教育の必要性についても議論されたという[17]。

エルシノア会議以降、成人教育界の関心は「戦争によって破壊されたヨーロッパから貧しさに傷ついた第三世界へ」と移動した。そしてモントリオール会議への参加者は、経済や開発との関係で成人教育をとらえる視点を共有したのであった[18]。この視点は、その後の国際的議論のなかでさらに洗練されてゆく。

(3) 東京会議における再認識

1972年には東京で第3回の国際成人教育会議が開催された。85の国々、そして42の国際機関や非政府組織から約360名の代表・オブザーバーが出席した。参加国の大勢を第三世界が占めるようになり、これまで以上に発展途上国の発言が重みをもつようになった。会議では「教育の民主化ならびに経済的、社会的、文化的発展における要素としての成人教育」「生涯教育の文脈における統合的な教育システムの中での成人教育の役割と位置」および「成人教育の発展のための政策」などが議題とされた。

キーワードとして「生涯教育」が登場したことが東京会議の特徴の1つであるが、他方、成人教育をめぐる貧困や格差の問題のとらえ方に変化が生じた点も注目されるべきである。すなわち、豊かな国と貧しい国という枠組みだけで論じられるのではなく、非都市部の住人、労働者、移民、女性などの立場にも焦点が当てられ、「国内における教育的無権利層の問題が国際的に共通の課題としてとりあげられはじめた」[19]。たとえば、最終報告書には次のような認識が示されている。

　　国家と国家、集団と集団、個人と個人の間に格差が広がりつつあることが
　　現代の最も困難な道徳的課題である。この格差の解消には社会正義の問題を

超えた意味がある。国どうしの相互依存が強まり続け，人間的欠乏の程度が増しつつある時代にあって，格差の解消は経済にとっての急務であり世界平和の前提条件でもある。この不平等は，知識の不均等な配分の所為でもある。しかし，このことは単に既存の教育施設を拡張することによっては解決されえない。経験的に分かっているように，より多くの教育機会をなるべく多くのコミュニティに提供しても，最も利するのはすでに教育を享受した人たちとなりやすい；教育の権利が満たされない人々は，さらにまた権利を要求しなければならない。成人教育もこの傾向の例外ではない。というのも，教育を最も必要とする成人のほとんどは蔑ろに扱われてきたからである——彼らは忘れられた人々である。[20]

社会的・経済的格差とそれに由来する教育的不平等は，発展の程度が異なる国々の間の問題でもあるが，1つの国の内部にも同様の格差と不平等がある。つまり，第三世界的な社会問題の構造は先進国の内側にも存在する。東京会議は先進国の側に第三世界の問題の意味を再認識させる場でもあった。その再認識とかかわりながら識字観も変化してゆくのであった。

5 機能的識字とEWLPの展開

(1) 識字政策の2つのアプローチ

東京会議においては，あらゆる成人教育に不可欠の要素は識字であるととらえられ，識字後の教育プログラムの重要性も展望しつつ「識字は生涯学習の要石である」という認識が共有された。[21]この識字のとらえ方もまた，エルシノア会議の時点に比べるとかなり異なる。

エルシノア会議が開かれた頃（1949年），成人の非識字が発展途上国における深刻な問題であるという認識はあった。また，いくつかの国では，第2次世界大戦終了以前から大規模な識字キャンペーンがおこなわれていた。しかしながら，識字問題の意味や効果的な解決方法に関して，当時の国際社会は十分な共

通理解を得ていなかった。それが成り立ってゆくのは1950年代半ばになってからである。ユネスコが進めてきた「基礎教育プログラム」にともなう調査研究[22]の結果として，次のような結論が示された：「読むことに関わる基本的な態度と技能はあらゆる言語で同一である」「識字の唯一の有意義な基準は機能的識字(functional literacy)である」。この前者の結論は，識字の得やすさが言語ごとに異なるのではないかという疑問を払拭し，識字教育のための国際協力を後押しすることにつながった。後者の結論で示された「機能的識字」は，「所属する文化や集団において，識字が常識的に前提とされているようなあらゆる活動に効果的に関わることが可能になるような，読み書きの知識と技能を獲得している」という場合を指す。これは重要な提起であったのだが，この概念に対する国際的関心が高まるのは1960年代以降となる。

他方，別の調査研究[23]により，識字問題の複雑さと深刻さが明らかになった。それは20世紀の初頭にまでさかのぼって識字に関する調査やデータを検証し，現状と将来について統計的に推定するものであった。この調査研究を通して，識字／非識字を判定する質問方法が国によって多様であることが明らかにされ，正確な尺度の必要性に対する国際的な理解を呼び起こすことになった。また，世界の約半数の国々で半数以上の成人が非識字であると推定され，さらに，非識字率が下降しても非識字人口が増加する場合があることが立証された。こうした調査結果は，増大する非識字成人に対処する国家的な努力の必要，そして若い世代に対する初等教育の早急な充実の必要を国際社会に認識させることになった。[24]

その後1960年代に入って，各国が識字教育政策を積極的に展開するようになるのだが，その方法論に関しては2つの考え方がみられた。1つは「国民運動型アプローチ(national campaign approach)」で，第2次世界大戦前にソビエト連邦で成功した政策に代表される。1920年に設立された「全ロシア非識字廃絶緊急委員会」が中心となって，政府機関，労働組合，青年組織などが労働者および農民の識字教育に取り組み，人的・物質的資源が識字教育のために集中的に動員された。その結果，19世紀の終わりには9歳を越えた人口の

76%が非識字という状態であったのが，1939年には男性の95.1%，女性の83.4%が識字という状態に改善された[25]。こうした中央集権的で大衆動員的な政策がどのような国々でも実現可能とはいえない。また，学習者の動機にもとづく方法論を重視する立場は，このアプローチがもたらす識字は表層的な次元に留まると批判するのであった。たしかに，画一的な識字プログラムを大々的に展開すれば，一定程度の読み書き能力——識字診断の質問紙によって認定される形式的な識字——は効率的に普及できるかもしれない。しかし，得られた識字が個人の能動的な行為力をどの程度高めるのか，したがって社会の発展にとってどの程度有益か，この点が疑問視されたのである。

　もう1つの考え方として「選択的アプローチ（selective approach）」がある。このアプローチは，「識字にさせる」のではなく，非識字者が「学習ニーズ」に出会って学ぶ気持ちになることを重視する。そして，識字への強い動機と教育による生活改善の機会がともなうような社会的組織にこそ，識字教育の努力を集中すべきと考える。ゆえに，この選択アプローチによる政策は社会的・経済的な開発プログラムと連動し，そこでの教育は個人の社会的・経済的状況に合わせた内容の提供が中心となる。選択的アプローチにおける識字の意味は，形式的な読み書きの能力ではなく，社会に参加して効果的に活動できるための識字，つまり機能的識字である。1960年代には，この機能的識字の普及こそが経済的・文化的状況の改善につながると広く受け止められるようになる[26]。

(2) EWLP

　1965年にイランで開かれた「非識字撲滅のための世界文部大臣会議」（テヘラン会議）は，機能的識字と選択的アプローチが重視される流れを決定づけることになった。88カ国の代表が参加したこの会議では，「開発事業の枠組における社会・経済的および職業的なトレーニングと組み合わされた教育的行動」[27]として機能的識字がとらえられた。また，それは学校教育を補完するものであり，国家の経済的・文化的・社会的開発の枠組のなかで正当な優先順位をもって統合的に計画されなければならないと認識された[28]。それまで以上に「開発」と関連づけて識字がとらえられ，その普及を可能にする教育プログラムの実現

を世界に促したのがテヘラン会議であった。そして，この会議で示された方向性はその後の「実験的世界識字プログラム」(EWLP) によって具体化されてゆく。

EWLP (Experimental World Literacy Programme) とは，開発事業や職業技能訓練と連動して進められる識字教育事業を支援すべく，UNESCO が UNDP と協力しておこなった施策である。1967年から1973年の間，アルジェリア，エクアドル，イラン，マリ，エチオピアなど11の国が参加した。直接的に参加しなかった国々も，その多くが EWLP の方針と同様の施策を試みた。EWLP に取り組む決議がおこなわれたのは，テヘラン会議の前年，1964年の第13回総会においてである。そこでは，「非識字は社会的・経済的発展にとって重大な障害となっており，識字を普及することは経済的・社会的発展に向けた国家計画の実施が成功するための前提条件である」[29]という認識のもと，非識字の廃絶に向けた世界的運動への道を開くものとして EWLP が提起された。具体的には，非識字の問題に直面する国々に対しては，次のような措置をとることが求められた。国家予算における適切な基金の準備，成人識字プログラムの計画・施行のための行政部局・機関の設立と強化，口承言語に対する言語学的調査や文字体系の用意を含め，必要な調査研究の実施，教師，管理者，専門職員の訓練，教材や教育メディアの用意，継続教育および技術・職業訓練と結びついたパイロット事業の設立のために国際金融機関に支援を依頼すること，などである。他方，非識字を克服している国々に対しては，EWLP に沿った識字事業を実施する国々に技術的・財政的支援をおこなうよう呼びかけられた。[30]

EWLP が「実験的」であるのは，機能的識字に焦点をおく選択的アプローチを試み，識字がもたらす経済的・社会的効果を検討・実証するといったパイロット事業を支援するからであった。この実験的で壮大なプログラムに対しては，経済開発における教育の役割を国際的に認識させる突破口となり，識字と社会的・経済的発展の関係に関する貴重な情報をもたらし，事業が実施される国の経済発展に貢献するものとして，世界から強い期待と関心が集まった。プログラムの最盛期である1971年頃には全体で約25万人の成人がそれぞれの国

のEWLPに参加した。その間,膨大な数の教材が開発され,多くの貧しい人々の能力拡大に貢献した。[31]たとえば,ユネスコ創立25周年を記念する書物のなかで,執筆者のひとり(Eteki-Mboumoua, W.A.)はアフリカにおけるEWLPの展開に関して,「アフリカでは,他の地域と同じく,非識字との戦いというこれらの努力の結果を今の段階で評価することは難しい。しかしながら,非識字の問題が解決不能に陥るおそれがあるアフリカで,負け戦に思えるようなものに助けを与え,実験事業の成果を拡大してそれを基礎とするべく国家的努力と国際協力を集結してきた——これは研究と訓練のセンターとして作用しうる——という点で,ユネスコは大いに賞賛に値する」[32]と記している。

しかし,結局のところは,EWLPがかかわった組織,対象者,教授論的な目標・方法は多様であり,「突破口」となる識字プロジェクトのモデルを示すには至らなかったようだ。EWLPの主要な動機は,人権の実現に役立つ資源を広めることよりも社会的・経済的発展を技術的に解決することにあり,「スタートとほぼ同時に失望にも直面する運命にあった」[33]ともいわれる。つまり,EWLPは,職業能力の習得につながる識字教育という面では一定の成果を収めたものの,非識字者や途上国社会が直面するさらに困難な問題の解決には十分ではなかったのである。

6 識字と地球市民社会

(1) ペルセポリス宣言——解放と社会変革のための識字

1970年代の前半にEWLPは終息してゆくが,その鍵的な概念であった機能的識字への関心が消えることはなかった。否定的評価を受けながらも,EWLPの経験は機能的識字の積極的な意味づけが見いだされる背景ともなった。

たとえば,フォール報告はEWLPを「教育システムとその開発との関係を刷新する企図に基づく独創的な事業」として振り返り,そこに見いだされる機能的識字の意味を次のように記している。「機能的識字は,技術的・職業的能力だけでなく,個人の知的装備とコミュニケーション能力の発達にも向けられ

ている。それは，教育機能を社会の幅広い分野に提供し，主要な経済活動が役割を果たすような形成的部分に勢いを与え，教育の原理的・実際的方法を目的ごとに，そして問題ごとに設定し，非識字成人のみならず，あらゆる関係者が教育的活動に参加するよう誘うのである」と。一方，東京会議では，識字は重要な一段階にすぎず，むしろ識字の獲得が継続的な人格発達へと至ることが必要であると指摘された。そして，勧告のなかで「社会・経済的発展を強調するに留まらず，機能的識字は非識字成人が新たなより良い社会の建設において能動的な主体となりうるよう，その社会的意識の覚醒をも目指すべきである」と提言されている。この「社会的意識の覚醒」はフレイレの「意識化」を想起させる言葉である。実際，識字に至る過程のなかで学習者が自らの実存状況に気づいてゆき（意識化），状況の変革に取り組む主体となってゆく可能性を重視したフレイレの思想と実践は，この時期に世界の注目を集めるようになった。いずれにせよ，1970年代の前半になると，機能的識字は雇用や労働といった経済的関心からのみ期待されるのではなく，教育改革，人格発達，社会的能動性，批判的認識力といった視点からも意味づけられるようになったのである。

　長らく国際社会は「読み書き能力」，つまり生活のための基礎技術として素朴に識字をとらえていたが，1950年代の終わり頃から機能的識字に気づき始めた。さらに1970年代前半に至って，機能的識字には経済的次元だけでなく社会的・文化的次元も重要な要素として含まれるという認識が広まるようになった。成人教育国際会議の歴史に即して言えば，1985年の第4回会議で採択された「学習権宣言」に示される識字論的な学習権の考え方——とくに「自分自身の世界を読み取り，歴史をつづる権利」——，さらに1997年の第5回会議での「成人学習に関するハンブルク宣言」にみられる成人教育観——「社会における完全な参加のための条件」としての成人教育——，これらは上述してきたような流れの成果であるといえる。しかし，実はそれらの宣言の以前に，1975年にイランで開催された国際識字シンポジウムにおいて，識字問題の本質的意味に対する国際的な認識の深まりを象徴する次のような宣言（「ペルセポリス宣言」）がすでに採択されている。

識字を，読み・書き・算の技能（スキル）を学ぶプロセスに閉じこめてはならない。識字は，人間の解放と人間の全面発達に役立つものでなければならない。このように考えると，識字は，われわれが住んでいるこの社会の矛盾および社会目標にある矛盾にたいして，批判意識を形成することにつながっていく営みである。識字はまた，世界に働きかけ，世界を変革していくと同時に，人間の真の発達を可能にするさまざまなプロジェクトを発意したり，これらプロジェクトに参加したりすることを励ます営みである。さらに，技術を修得し，人間関係を拓く道を開くものである。識字は字を識ることだけを目的としてはならない。識字は基本的人権なのである。どの社会も，自らの社会構造を維持し，再生産するのに役立つ教育形態をつくり出している。また，それら教育の目標は支配階級の目標に従属している。それは事実であるが，だからといって，現行の教育システムのなかでなすべきことがないというのは，まちがいであろう。識字は，教育一般と同様，歴史変革の原動力ではない。しかし，識字は解放の手段であるばかりでなく，あらゆる社会変革においてなくてはならぬ道具である。[38]

ここには，読み・書き・算の能力だけではなく批判的・社会的な認識と能力を獲得すること，つまり，識字を用いるわれわれがおかれた社会状況を問い改めてゆく力の獲得が識字の目的として提起されている。言い換えれば，非識字——社会的存在としての可能性が奪われた状態——を生み出す構造に再度組み込まれるための「識字」ではなく，非識字を生み出す非人間化の構造を改めるための「識字」が求められているのである。このような点に注目すると，ペルセポリス宣言は「非識字は途上国の問題である」という言い方を無効にした宣言であるといえる。というのも，読み書きの次元であれ，社会的な行動力の次元であれ，人間の可能性を奪い歪めてゆく構造は先進国社会にも成り立っており，そこに生きる多くの人々が「世界に働きかけ，変革していく」ための力を失っているからである。

(2) 地球市民のための識字

　東京会議が開かれた1972年から93年の間にユネスコの生涯教育部門の責任者を務めたジェルピは，「生涯教育の政策と実践を展望するためになすべき最初のことは，現代社会，そしてその社会には当然教育が含まれるのであるが，この社会を支配する社会的・経済的・文化的力学を対象化することであろう」[39]と指摘する。非先進地域の国々にとって，その「社会的・経済的・文化的力学」は経済開発，政治の民主化，人口問題，食糧不足，環境・エネルギー，性差別，伝統文化の崩壊，民族・宗教の対立，HIVの広がりなど，容易には克服しがたい難題として現れる。われわれは，その多くが国際社会との関係に起因する問題であり，あるいは先進国と共有すべき課題であるということを忘れてはならないだろう。

　「貧しい南」(第三世界)が抱える困難さは「豊かな北」の状況と無縁の問題ではなく，先進国の側もその解決の方途を共に探る責任と必要がある[40]。それは，(典型的には植民地支配という形で)先進国側が第三世界を抑圧し，その苦境の原因に責任を負っているからでもあるが，より積極的な理由としては，先進国の側も地球化した現代社会の問題構造に組み込まれているからである。つまり，「市場の単一化，政策決定の相互依存性，古い植民地の形態にとって代わる世界的レベルの新しい支配形態」[41]のなかに生きているという点では，先進地域・非先進地域のいずれの市民であっても同じである。

　地球市民として，われわれは世界規模の力学——とりわけ，経済のグローバル化——が支配する場に共に位置づけられているといえる。その力学こそが非識字の克服を妨げているのかもしれない。しかしながら，それゆえにこそ，識字は世界にかかわる営みとして，あるいは解放と社会変革の手段として意味づけられるようにもなった。つまり，個人として，また集団として，人が自らのおかれた状況の意味を解き明かすという，人間的行為としての識字である。理念として，識字は現代社会を支配する力学の構造を読み解き，かつそれを組み替えるという実存的な投企として描くことができる。そして，それを促し支えるような(少なくとも妨げないような)生涯学習政策が，非先進地域にも先進地域

にも求められているといえよう。

注 ─────

1）ラングラン，P.『生涯教育入門〈第一部〉（再版）』波多野完治訳，全日本社会教育連合会，1990, p.17-18.
2）世界銀行『世界開発報告 2000／2001──貧困との闘い──』西川潤監訳，シュプリンガー・フェアラーク東京株式会社，2002, p.470-473 収載の統計を参照。
3）ここでの記述は，西井麻美「ブラジルの 1970 年代以降における Nonformal Education の概念」社会教育基礎理論研究会編『諸外国の生涯学習』（叢書生涯学習Ⅸ）雄松堂，1991, p.3-21; 野元弘幸「ラテン・アメリカおよびカリブ地域における識字教育の動向──ブラジルを中心に──」日本社会教育学会編『国際識字 10 年と日本の識字問題』（日本の社会教育第 35 集）東洋館出版社，1991, p.108-115; 二井紀美子「ブラジルの青年・成人教育」新海英行・牧野篤編著『現代世界の生涯学習』大学教育出版，2002, p.299-311 などにもとづく。
4）ここでの記述は，金龍哲「中国の生涯教育」日本生涯教育学会編『生涯学習事典（増補版）』東京書籍，1992, p.499-502; 新保敦子「中国社会主義の建設過程における労働者教育──建国から『大躍進期』までの分析を中心として──」『社会教育学・図書館学研究』第 8 号，1984, p.43-55; 一見真理子「中国における生涯学習の動向──改革開放 15 年を迎える首都北京の成人教育政策を中心に──」川野辺敏監修・山田達雄編『世界の生涯学習』（生涯学習・日本と世界 下巻）エムティ出版，1995, p.13-21; 上田孝典「現代中国における生涯教育政策の展開」新海・牧野，*op.cit.*, p.312-327 などにもとづく。
5）西川潤「第三世界」見田宗介・栗原彬・田中義久編『社会学事典』弘文堂，1994, p.575 を参照。
6）原田種雄「量的側面からとらえた現代世界教育の動向」原田種雄・新井恒易編著『現代世界教育史』ぎょうせい，1981, p.1-33 を参照。
7）Unesco, *World Education Report 1998* (*Teachers and Teaching in a Changing World*), Paris, 1998 ［ユネスコ編『世界教育白書 1998』日本ユネスコ協会監訳，東京書籍］p.132-135 収載の Table 2 による。
8）Unesco, *50 Years for Education*, Paris, 1997, p.123 に再掲載された記事。
9）「成人学習に関するハンブルグ宣言」の第 11 項。なお，日本からの参加者の報告と関連資料が掲載されている文献として，全日本社会教育連合会『第 5 回国際成人教育会議報告書』1998 を参照されたい。
10）Unesco, 1997, *op.cit.*, p.139.
11）Hutchins, E.M., Relations between Adult Education Voluntary Agencies and the State in Great Britain and in Sweden, in *Adult Education: Current Trends and*

Practices, Paris: Unesco, 1949, p.54.〈cited in Hely, A.S.M, *New Trends in Adult Education: From Elsinore to Montreal,* Paris: Unesco, 1962, p.34.［ヒーリー，A.S.M.『現代の成人教育――その思想と社会的背景――』諸岡和房訳，日本放送出版協会，1972，p.53］〉

12) Unesco, *Summary Report of the International Conference on Adult Education* (Publication No.406), Paris, 1949. p.15.

13) *Ibid.*, p.6.

14) この会議の呼称は「世界成人教育会議（World Conference on Adult Education）」であったが，国際成人教育会議の第2回会議として位置づけられている。なお，本章では，他の会議の場合も含め，参加国数にはユネスコの非加盟国も合算している。

15) 諸岡和房「戦後社会教育論の国際的展開」日本社会教育学会編『学習権保障の国際的動向』（日本の社会教育第19集）1975，p.31-32.

16) Unesco, *Second World Conference on Adult Education,* Nendeln: Kraus Reprint, 1971. p.29. (Resolution: Structure and Organization of Adult Education の部分)

17) Hely, 1962, *op.cit.* のとくに p.79-84（訳書の p.127-135）を参照。

18) Bohla, H.S., *World Trends and Issues in Adult Education: Prepared for International Bureau of Education,* London: Jessica Kingsley in association with Unesco, 1989, p.24.［ボーラ，H.S.『国際成人教育論――ユネスコ・開発・成人の学習――』岩橋恵子・猪飼美恵子他訳，東信堂，1997, p.22］この書は，第1回から第4回に至る国際成人教育会議の論点が著者の見解とともに整理された好著である。

19) 佐藤一子『生涯学習と社会参加――おとなが学ぶことの意味――』東京大学出版会，1998，p.19.

20) Unesco, *Final Report: Third International Conference on Adult Education,* Paris, 1972(a), p.19.

21) *Ibid.*, p.15.

22) Gray, W.S., *The Teaching of Reading and Writing: International Survey,* Paris: Unesco, 1956 を指す。

23) Unesco, *World Illiteracy at Mid-Century: A Statistical Study,* Paris, 1957 を指す。

24) Unesco, *World Education Report 2000*（*The Right to Education: Towards Education for All throughout Life*）Paris, 2000, p.29-30 を参照。

25) Liubimova, S., The Largest Literacy Campaign in History, *The UNESCO Courier,* March 1958, p.11-12.〈cited in Unesco, 2000, *ibid.*, p.33〉

26) Unesco, 2000, *ibid.*, p.32-34 を参照。

27) Unesco, 1972(a), *op.cit.*, p.64.

28) Unesco, *Executive Board 71st*, 1965, p.12. (3.11)
29) Unesco, Records of the General Conference 13th, 1964, p.16. (1.271.A-4).
30) *Ibid.*, p.16-17. (1.271.A-7, 8)
31) Unesco, 2000, *op.cit.*, p.34.
32) Unesco, *In the Minds of Men: Unesco 1946 to 1971*, Paris, 1972(b),p.171.
33) 注31)に同じ。
34) Faure, E. et al., *Learning to Be: The World of Education Today and Tomorrow*, Paris: Unesco, p.141.
35) 注21)に同じ。
36) Unesco, 1972(a), *op.cit.*, p.40 の Recommendation 1.10.
37) Freire, P., *Pedagogy of the Oppressed*, (Ramos, M.B. tr.) Harmondsworth: Penguin, 1972.［フレイレ, P.『被抑圧者の教育学』小沢有作他訳, 亜紀書房, 1979］
38) *Final Report: International Symposium for Literacy*, 1975, p.35-36. ここでの訳文は『解放教育』265号, 1990, p.74-77 に所収の小沢有作訳。表現は一部変えてある。
39) ジェルピ, E.『生涯教育——抑圧と解放の弁証法——』前平泰志訳, 東京創元社, 1983, p.219.
40) ここにかかわるのが「開発教育」である。田中治彦（『南北問題と開発教育——地球市民として生きるために——』亜紀書房, 1994）は開発教育を次のように定義する：「地球規模の開発問題と南北問題の構造と原因を理解し, 基本的人権の尊重, 環境の保全, 文化的アイデンティティの尊重のうえに立って, より公正な地球社会の実現をめざして開発問題と南北問題の解決に向けて参加する態度を養う教育活動」(p.125)。
41) ジェルピ, *op.cit.*, p.119. 関連する議論として, 赤尾勝己『生涯学習の社会学』玉川大学出版部, 1998 の第 10 章「E・ジェルピの生涯教育論」も参照されたい。

第4章　日本における生涯学習政策の展開
　　　　——国レベルを中心に

清國　祐二

1　生涯学習政策の理念形成

　周知の通り，生涯教育の理念が国際舞台に登場したのは1965年パリで開催された第3回成人教育推進国際委員会におけるラングラン（Lengrand, P.）のワーキングペーパーに遡る。本委員会では恒久教育（l'education permanente）というタームが使用されたが，英語圏では恒久的な教育による管理のイメージが強く，ユネスコは英訳として生涯教育（lifelong education）を採用した。これを契機に，生涯教育は世界各国に教育統合理念としてのインパクトを与えた。日本も例外ではなく，本委員会開催直後にその理念が紹介され，1970年代以降の教育体系再編成に向けた基本原理として重要な役割を果たすこととなる。
　生涯教育の理念は，急激な社会変化に適応する必要性や成熟社会のなかで豊かに生きる欲求から，またとりわけ青少年期の学校教育偏重に対する教育関係者や国民の危機感，閉塞感，不信感から，教育改革の中心原理として位置づけられることとなった。そこには時代の変化に対応しきれず，国際的に閉ざされたわが国の画一的かつ硬直的教育像があり，それを克服するための教育の多様化や弾力化の方向が強く意識されている。しかしこの実現には社会の成熟と市民性の高揚という条件が必須となる。自己撞着を抱えながらではあるが，生涯学習社会に向けた理念づくりが開始された。
　市川昭午は1970年代までの生涯教育をめぐる状況について，「わが国の生涯教育論の特色を一言にして概括するならば，理念志向型，あるいは心理志向型が支配的であって，政策志向型がきわめて乏しい」[1]と指摘する。また池田秀男

は1970年代中盤までの約10年間を「生涯教育は一般に伝統的な教育の枠組みの中で構想され施策化されて」[2]きたと位置づける。1970年代は，生涯教育という新しい教育統合理念のもと，教育部門を統括する文部省のみならず，他省庁，経済団体等さまざまな組織および団体が，新しい時代の黎明を告げるかのごとくこぞってこの生涯教育理念に飛びついた。一般的な教育批判として，あるいは行き詰まりを露呈してきた学校教育蘇生の切り札として，枕詞的ではあったにせよ関連文書に多用された。そのなかにあって，文部省やその諮問機関は，理論的にも政策的にも教育改革の基本原理としてそれを位置づけることを迫られた。

では，それらの答申にはどのような特徴がみられたのであろうか。わが国で先駆的役割を果たした1971（昭和46）年社会教育審議会答申「急激な社会構造の変化に対処する社会教育の在り方について」と同年中央教育審議会答申「今後における学校教育の総合的な拡充整備のための基本的施策について」のふたつを概観してみたい。

前者の特徴は，社会教育のあり方を生涯教育の観点から体系的に記述を試みたことにある。高度経済成長や技術革新の進展が，人口増加や都市化，核家族化等の人間を取り巻く環境の変化をもたらし，個性の喪失，人間疎外，世代間の断絶，地域連帯意識の減退など負の遺産を築き始めていることを背景に，新しい時代に相応しい社会教育の再構築を主張したのである。そのなかで生涯教育を「家庭教育，学校教育，社会教育の三者を有機的に統合する」理念であると言及し，「生涯教育の観点に立って，学校教育を含めた教育の全体計画を立案することが必要となってくるが，その中において社会教育を正しく位置づけるとともに，生涯教育において社会教育が今後果たすべき役割の重要性にかんがみ，社会教育行政の施策の充実展開を図るべきこと」としたのである。しかし有機的な統合という理念は抽象的理解の域を出ず，三者の歩み寄りは行事等を介した限定的なものにとどまった。

答申では国の役割にも触れ，全国的な視野から施設の設置や地方公共団体への支援に加えて，「地方公共団体および民間団体における特色ある社会教育活

動を尊重し，これを奨励・援助」し，「さらに広域的・モデル的施設の設置や大学等の教育機関の協力による専門的職員の養成・確保と処遇改善，各種の施設設置運営の基準や指導指針の設定等，社会教育振興の上で必要な基盤整備につとめることが肝要である」と述べている。時代的にはハード施設のインフラ整備に関心が集中したことで，建物はできたがそれに見合う人的配置やソフトの充実が不十分だったのが実情である。

　一方，後者の答申の特徴は，基本的には学校教育改革ではあったが，「生涯教育の観点から全教育体系を総合的に整備すること」も視野に入れていた。高度経済成長を迎え，国民の暮らしも安定し始め，それにともない学校教育が急激に膨張し，教育にさまざまな歪みが生じてきた時代に，今後は「そのような量的な拡張に伴う教育の質的な変化に適切に対処するとともに，家庭・学校・社会を通ずる教育体系の整備」が必要であり，今後の取り組みを「国家・社会の未来をかけた第三の教育改革」と位置づけ，財政的裏づけのもとに改革をおこなうとした。生涯教育に関する政策については，具体的な方策を明示するには至っておらず，家庭教育，学校教育，社会教育に区分されてきた教育体制のあり方を，生涯にわたる人間形成に対して相互補完的な役割が果たせるよう，教育体系の総合的な再編成のための学問的な調査および研究の必要性を示すにとどまった。

　この時期に重要となる施策として，1971 (昭和46) 年社会教育審議会答申に盛り込まれた「社会教育主事未設置の解消，社会教育主事の質的向上等について行政上の施策が必要」という記述を受け，1974 (昭和49) 年に社会教育審議会答申「市町村における社会教育指導者の充実強化のための施策について」を根拠に，同年度から派遣社会教育主事という国庫支出による給与費補助を受ける新しい社会教育主事の誕生をあげておこう。この国庫補助 (後に社会教育事業交付金) は1996 (平成8) 年度から段階的に削減され，1998 (平成10) 年度には完全に一般財源化され，自治体は派遣制度の見直しを余儀なくされた。しかし1980年代後半からの，生涯学習振興のための基盤整備として6割を超える市町村でおこなわれた「生涯学習モデル市町村事業」(生涯学習推進事業) において，

全庁的な生涯学習推進への組織づくりと推進計画づくりおよびその実行について，派遣社会教育主事の果たした役割は大きい。

2　生涯学習政策の転換

池田は，1981（昭和56）年の中央教育審議会答申「生涯教育について」が初めて「学校教育や社会教育の既存の枠組みを超えるトータルな『施策の枠組み』として姿を現わし，両教育システムだけでなく，その他の関係部門も含む総合的な政策プランとして施策化された」と評価する。本答申は，生涯教育を「国民の一人一人が充実した人生を送ることを目指して生涯にわたって行う学習を助けるために，教育制度全体がその上に打ち立てられるべき基本的な理念である」とする一方で，学習者の立場に立つと「各人が自発的意思に基づいて行うことを基本とするものであり，必要に応じ，自己に適した手段・方法は，これを自ら選んで，生涯を通じて行うものである。その意味では，これを生涯学習と呼ぶのがふさわしい」とし，生涯教育と生涯学習の視点の違いを説明した。

本答申では，人生各期の発達課題を中心に据えながら，家庭教育，学校教育，社会教育の役割分担と連携について言及した。学校教育においては「既成の知識を与えることに主眼を置く傾向が強かった」とし，「子供が自ら考え，積極的に学び，伸び伸びと活動することができるように，ゆとりのある，しかも充実した学校生活の実現」をめざした。社会教育については「社会の都市化が進む中で，人々の生活はややもすれば自己中心的なものとなりがちであ」ると過度な個人主義に警鐘を鳴らすとともに，「各人がその成果や能力・経験を生かして，地域社会に寄与し，そこに愛着を持ち，生きがいを見いだせるような社会参加の機会の拡充」が重要だとした。この学習成果と社会参加とをどう繋ぐかが次の課題として示された。いずれにせよ，中央教育審議会が生涯教育を答申の題目に掲げ，わが国の新しい教育体系の根幹をなす理念として位置づけたことは画期的であった。

ところで，生涯教育から生涯学習へと政策転換する時期が1980年代に訪れ

る。教育の語感が学校教育や義務教育を想起させるという素朴な世論的感情も無視できないが，学習者の主体性に力点をおいて「学習者の主体的選択や判断，さらには学習活動の場面における能動的行為の承認といった，学習者を中心としたあらゆる『根拠づけ』」[4]がなされたことに意義がある。もちろん，社会的には主体的な学習者の行為を支援するための環境整備が不可欠であり，教育行政の責務としてそれがある以上，教育の重要性は高まりこそすれ，低下することはない。学習を推進する立場としては教育の可逆性や教育的配慮をも範疇に入れた広義の教育の視点を軽視してはならないが，政策判断としての生涯学習への転換は社会や市民の成熟をめざす日本にとっていわば必然の帰着と考えられよう。

　生涯教育の理念が教育再編の中心原理として位置づけられてから約20年を経過し，その間，学校教育，社会教育ともにそれぞれの枠組みのなかで，生涯教育の理念へどう近づいていくかが模索されてきた。それを「生涯学習体系への移行」という全体を通底する鍵概念でくくり，第三の教育改革のシナリオをまとめる時期を迎える。それが，内閣総理大臣の諮問機関として設置された臨時教育審議会である。

　臨時教育審議会は1985（昭和60）年に「教育改革に関する第一次答申」を提出し，とりわけ「個性重視の原則」を中心とした教育改革を打ち出した。答申では，従来の日本における教育のあり方を総括し，「我が国の教育の根深い病弊」として「画一性，硬直性，閉鎖性，非国際性」をあげ，「個人の尊重，個性の尊重，自由・自律，自己責任の原則」を掲げた。続いて，学校教育の改革原則として，基礎基本の重視，創造性・考える力・表現力の育成，教育環境の人間化をあげている。「生涯学習体系への移行」は後で取り上げるが，社会構造の変化およびそのスパンの短縮と平均寿命の延長が生涯の観念に転換を迫り，個性的かつ多様な生き方や自己実現を求める生涯学習社会が来るべき社会像であるとの認識が示された。この背後に，学歴社会の弊害の是正，社会の成熟化にともなう学習需要の増大への対応，社会・経済の変化に対応するための学習の必要等の従前の答申を踏襲していることはいうまでもない。[5]

1986（昭和61）年に提出された「第二次答申」では，この教育改革の方針を「生涯学習体系への移行という我が国近代教育史上画期的な教育についての発想の転換をもたらそう」と位置づけ，これを「第三の教育改革」と銘打った。その背景には，①従来の教育区分（家庭・学校・社会）が矮小化され，人間形成に対して相互補完的な役割を持ちえなかったこと，②学歴偏重の社会的風潮を改める必要があり，各人の生涯を通ずる自己向上の努力を尊び，それを正当に評価する学習社会をめざさなければならないこと，③科学技術の進歩や経済の発展が，技術革新と産業構造の変化をもたらし，多くの人々に新たな知識・技術の習得等の種種の対応を迫っていること，をあげている。

　従前の学校教育の自己完結的な考え方に終止符を打ち，生涯学習時代の「学校教育においては自己教育力の育成を図り，その基盤の上に各人の自発的意思に基づき，必要に応じて，自己に適した手段・方法を自らの責任において自由に選択し，生涯を通じて行われるべきもの」と，学校を少なくとも理念上は学習を継続していける力を獲得させる機関へとシフトさせた。たとえば，「知識，理解」から「意欲，関心，態度」へという評価観の改変や，「指導」から「支援」へという指導観をめぐる子どもと教師の関係性の変更である。この方向は1989（昭和元）年施行の教育課程に明確に示されたが，学校現場の混乱もあり十分な成果を見ずに現在に至っている。

　その他，後期中等教育，中等後教育および高等教育に対しては，教育・文化・生活水準の高まりとともに教育需要の多様化と高度化がもたらされるため，教育における選択の機会の拡大をはかることが重要であるとした。「教育行政や制度もまた柔軟で分権的な構造でなければならず，関連する規制緩和が必要となる」ことを提起し，高等教育や後期中等教育段階の構造改革を打ち出した。加えて，情報化によってもたらされる「学習要求の多様化，高度化や自由時間の増大，学習者の日常生活圏の拡大」は学習情報提供システムの整備を不可避とし，行政に情報提供と相談体制の整備を促した。青少年や成人の生きがいや充実感のためのボランティア活動等の社会参加の機会を拡大することも提案した。

いつでも，どこでも，誰でも，何でも学べて，その成果が適正に評価される生涯学習社会を実現するためには評価観の転換が避けられない条件となる。1987（昭和62）年の「第三次答申」では，人生のどの時期において学習された内容であっても，「その成果が適正に評価され，社会で生かせるようなシステム」の構築を求めている。「多様な価値観，多様な能力，多様な個性」が「創造性豊かで活力のある社会を建設するためには」必須であり，そのため評価の内容は「知識，技術，技能，健康，人格特性など」多岐にわたり，「人生のどの時点において発揮される能力に対しても的確に評価する」多元的システムの構築が重要課題となる。しかし，すべての学習成果が社会で設定される評価システムを基準に評価されるのではなく，従来型の「達成感，充実感などの自己評価」が生涯学習の底流になければならない。それをも含めた多元的評価システムが要請されているのである。さらに，学習はフォーマルな学歴や資格等の取得に役立つだけでなく，「その結果が家庭・学校・地域あるいは職場において生かされることに意義がある」とし，学習成果の活用という視点を提示した。

　新しい社会を構築するためにはそれを支える基盤整備が必要であり，答申では生涯学習を進めるまちづくりを提起した。「地方が主体性を発揮しながら，町全体で生涯学習に取り組む体制を全国に整備していく」ことを掲げ，「生涯学習に取り組む市区町村の中から，特色のあるものについて，モデル地域として指定する」方策を打ち出した。これが1988（昭和63）年より開始された「生涯学習モデル市町村事業」であり，1997（平成9）年までの12年という長期にわたる事業展開となった。この時期に多くの自治体が首長をトップとする生涯学習推進本部を立ち上げ，生涯学習というスローガンのもとに生涯学習推進構想および推進計画を策定し，行政の提供する学習事業の体系化を試みた。しかし，その推進体制が定着し，実効をあげるためには，首長の生涯学習への深い理解と確固たる姿勢，そしてリーダーシップが鍵を握ることは，その後の市町村の取り組みの経過から明白となった。一方，前項で述べたように，派遣社会教育主事のモデル市町村事業への貢献には一定の評価がなされるが，推進体制の維持や継続，発展の観点から整備後の自治体の対応には不満が残る。派遣の

終了時点で，それを補強する人的配置や推進のための組織整備があって然るべきであるが，そのような事例は少数であり，現在では推進組織が機能休止している自治体も少なくない。

　その他，初等中等教育および高等教育の改革やスポーツ振興，時代の変化への対応，教育行財政のあり方に関する内容が盛り込まれた。1987（昭和62）年の「第四次答申」は最終まとめであるため記述は省略する。この4次にわたる臨時教育審議会答申を受けて，同年「教育改革に関する当面の具体化方策について」という教育改革推進大綱が示された。このなかで，生涯学習体制の整備，初等中等教育の改革，高等教育の改革等，学術の振興，時代の変化に対応するための改革，教育行財政の改革，教育改革の推進体制等についての検討を開始し，速やかに成案を得，実現に努めるよう示した。

　以上のような経緯で，教育改革が本格的に始動する。1988（昭和63）年には文部省の機構改革がおこなわれ，社会教育局が改組拡充され，生涯学習局となった。その機能は「家庭教育，学校教育，社会教育，スポーツや文化活動にわたる生涯学習の振興に関する総合的な施策の企画，調整を行うとともに，あわせて生涯学習の推進のための重要な教育機能のひとつである社会教育の振興を担当する。その際，民間の教育事業の振興や関係省庁の関連事業との連携，協力を積極的に進めていくことも重要」[6]であるとした。この機構改革において生涯学習局が名実ともに筆頭局になりえたとは言い難いが，この流れはすぐに地方教育行政に波及した。多くの自治体で社会教育課・係が生涯学習課・係へと，改組拡充からはほど遠いほぼ横滑りの名称変更がおこなわれた。

3　生涯学習政策の定着と拡充

　1990（平成2）年には中央教育審議会が「生涯学習の基盤整備について」を答申した。これは前年に文部大臣が諮問した「生涯学習の基盤整備」と「学校教育の改革」のふたつの審議事項のなかのひとつである。生涯学習やその基盤整備の重要性については，臨時教育審議会までの度重なる答申等で確認されてき

たが，その具現化のための生涯学習支援の具体的方策を定めたもので，直接的な住民への学習支援をおこなう地方自治体に対する支援策を打ち出した。

　情報化の進展とともに重要性を増してきた学習情報の提供や多様で高度な内容を求める学習者のための相談体制を整備すること，生涯学習の重要性を広めたり，学習意欲を高めるための啓発活動を展開すること，学習成果の評価をおこなうことによって生涯学習を奨励すること，人々の学習需要に対応した学習機会を確保するため，生涯学習施設相互の連携とネットワーク化をはかること，生涯学習を総合的に推進するため，関係行政機関等の各種の施策に関し連絡調整をはかる体制を整備すること，などが盛り込まれた。都道府県に対してはとくに「生涯学習推進センター」の整備をはかることを奨励し，基幹施設としての役割を果たすよう促した。その結果，2002（平成14）年3月現在，33都道府県に42センターが設置されている。

　本答申を受け，同年6月に「生涯学習の振興のための施策の推進体制等の整備に関する法律」（通称「生涯学習振興法」）が制定された。この法律は国および都道府県における生涯学習推進体制の整備を進め，推進構想等の策定に繋がり，生涯学習行政の進展に大きく寄与した。

　1991（平成3）年にはもうひとつの審議事項である「新しい時代に対応する教育の諸制度の改革について」が答申された。生涯学習体系への移行が学歴偏重社会の是正にあるとすれば，大学を含む学校教育の改革なくしてその実現はありえないことから，新しい時代の学校の役割を提起した。個性重視とともに，教育内容の精選と基礎基本の徹底がこれ以後急速に進むことになるが，これは1992（平成4）年から段階的に導入されることになる学校週5日制に絡んだ政策のひとつでもあった。別項では生涯学習の成果の評価にふれ，基本的な視座を「学習成果の評価が社会参加につながり，さらに自己実現へと結ぶ」ところにおいた。一方，同年出された大学審議会答申「平成5年度以降の高等教育の計画的整備について」にも言及し，「大学以外の教育施設等における学習成果のうち，大学教育に相当する一定水準以上のものについて，その学習成果を適切に評価し，大学の単位として認定する途を開くこと」の重要性を示唆し，大学

公開講座などをその対象とすることが盛り込まれた。これに関しては，同年，学位授与機構（現大学評価・学位授与機構）が設置され，大学校や高等専門学校等の単位および学位を認定する道が開かれた。

　生涯学習の基盤整備が進むなか，また1991（平成3）年の大学設置基準の大綱化を受け，高等教育改革が本格化した。1990年代に入り，いち早く高等教育機関が積極的に高度な学習を地域や企業へ向けて発信しようとしたものが，生涯学習局が主管したリカレント教育推進事業と高等教育局が主管したリフレッシュ教育推進協議会である。前者は，従来の企業内教育が担ってきた社会人・職業人向けの学習機会を，地域にある大学，短期大学，専修学校各種学校等の中等後教育・高等教育機関が連携して，リカレント学習コースとして提供するものであった。コースの領域は先端技術や職業関連が中心ではあったが，地域によっては高度で体系的な教養コースも提供されていた[7]。後者は，「社会人・職業人が，新たな知識・技術を修得したり，陳腐化していく知識・技術をリフレッシュするため，高等教育機関（大学院・大学・短期大学・高等専門学校）において行う教育」[8]とされる。背景には大学審議会答申があり，高等教育機関への社会人の多様で積極的な受け入れというねらいのもと，社会人が大学等の正規の教育・研究にアクセスし，単位や学位の取得を射程に入れた施策である。両者の関連について文部省は「リフレッシュ教育とは，このリカレント教育に含まれるもの」[9]と位置づけてはいるものの，十分な議論や整理はなされていない。大学冬の時代を背景としながらも，地域における産官学の連携の必要性や社会人学習者へのサービス，地域貢献等が大学に求められる第3の機能であることの意識づけはおこなわれた。

　1996（平成8）年，中央教育審議会は「21世紀を展望した我が国の教育の在り方について」答申をおこない，副題に「子供に生きる力とゆとりを」を掲げ，子ども問題の深刻さに対して待ったなしの改革方針を示した。答申では，生きる力を「いかに社会が変化しようと，自分で課題を見つけ，自ら学び，自ら考え，主体的に判断し，行動し，よりよく問題を解決する資質や能力であり，また，自らを律しつつ，他人とともに協調し，他人を思いやる心や感動する心な

ど，豊かな人間性である」と定義した。しかし，子どもの生活は，進学のための学習塾通いや部活動，習い事等に占められており，ゆとりにはほど遠い。ゆとりある生活とは「地域社会の中で大人や様々な年齢の友人と交流し，様々な生活体験，社会体験，自然体験を豊富に積み重ねること」のなかでこそ実現し，それらの活動は「子供たちが自らの興味・関心や自らの考えに基づいて自主的に行っていく」ことが重要であるとした。完全学校週5日制の導入やそれにともなう教育内容の厳選・精選もこの文脈を背景に語られている。このように，子どもの教育環境を整備するために，学校，家庭，地域が連携して子どもの教育を支えることが本答申の趣旨であり，この後さまざまな子どもへの教育支援をめざした施策が展開されることとなる。

4 生涯学習審議会の軌跡

　1992（平成4）年，生涯学習審議会の設置後初の答申となる「今後の社会の動向に対応した生涯学習の振興方策について」のなかで，リカレント教育，ボランティア活動，青少年の学校外活動，現代的課題の4項目について，その重要性と今後の取り組みについての指針を示した。リカレント教育については，大学開放等についての教職員の意識改革を促したり，公開講座等の拡充，大学開放に関する専門機関として「継続的な公開講座の実施や学習情報の提供，学習相談，生涯学習に関する調査研究等を行う機関として生涯学習教育研究センター等の設置」を盛り込んだ。以降，国立大学ではセンターが順次整備され，2002（平成14）年3月現在，26国立大学に広がり，私立大学においても同様のセンターや大学開放に関する各種事業が展開されるようになった。[10]

　ボランティア活動は，従来ともすると社会福祉分野という認識が強かったのを「教育，文化，スポーツ，学術研究，国際交流・協力，人権擁護，自然環境保護，保健・医療，地域振興など多岐にわた」るとし，ボランティア概念の拡大をはかるとともに，生涯学習との関連を明らかにした。これに先行して1986（昭和61）年に社会教育審議会社会教育施設分科会報告「社会教育施設における

ボランティア活動の促進について」が示されているが，表題の通り社会教育施設の課題としての位置づけであり，本答申はそれを発展させた形とみてよかろう。生涯学習におけるボランティアの意義について「第一は，ボランティア活動そのものが自己開発，自己実現につながる生涯学習となるという視点，第二は，ボランティア活動を行うために必要な知識・技術を習得するための学習として生涯学習があり，学習の成果を生かし，深める実践としてボランティア活動があるという視点，第三は，人々の生涯学習を支援するボランティア活動によって，生涯学習の振興が一層図られるという視点」をあげている。その他，ボランティア活動を支援・推進する方策として，学習機会や活動の場の開発，情報提供・相談体制の整備充実等をあげた。

　青少年の学校外活動の充実は，「学校教育への過度の依存の傾向とともに，家庭での生活体験や，学校の外における直接体験的な活動の不足」が要因とされるさまざまな青少年問題への対応と1992（平成4）年9月に開始された学校週5日制への対応というふたつの側面から導かれる。それ以前からも高度経済成長，都市化，核家族化，高学歴化等の社会変化とともに，多くの青少年問題が噴出してきたが，家庭や地域，社会教育施設等での本格的な体験活動の推進としてはこれが最初であろう。一例をあげると，1993（平成5）年度に文部省の「青少年自然体験推進事業」[11]の補助を受けて実施された事業は，44都道府県66事業にも及んだ[12]。しかし，行政の実施する青少年教育事業には継続性において一定の限界があり，地域の民間団体が引き継いだ場合を除くと，ほとんどが一過性の事業になっている。

　現代的課題に関する学習機会の充実については，従来の学習課題のなかでは必要課題に属するもので，「学習者が学習しようと思っても学習機会がなかったり，自己の学習課題に結びつかなかったり，学習課題として意識されないものも多い」社会的側面の強い課題である。具体的な例示として，生命，健康，人権，消費者問題，まちづくり，高齢化社会，男女共同参画型社会，国際貢献・開発援助，人口・食糧，環境，資源・エネルギー等があげられている。ただし，現代的課題の性質上，「社会や人々の生活の変化に応じて流動的なものである

ため，学習機会の提供に当たっては，地域の実情に照らして」設定する必要がある。経済成長が一段落し，情報社会や国際社会のなかで日本人に要求される役割や責任が相対的に増加するなかで，社会問題に直結する学習群でもある。市川は1981（昭和56）年の段階で，生涯教育（学習）政策のアキレス腱として「社会変化に対する個人的不適応の危険を避けるだけではなく，国民がさらされる全社会的な危機，さらには全地球的規模において人類が直面している危機的状況に対処するための不可欠な要件であることが認識されない限り，公共政策としてのプライオリティは低いレベルにとどめられるであろう」と警告を発したことを思い起こすと，現代的課題が学習課題の前線に押し出されたことには大きな意義が認められよう。

1996（平成8）年の生涯学習審議会答申「地域における生涯学習機会の充実方策について」では，生涯学習推進をさらに進展させるために重要となる施設，高等教育機関，初等中等教育諸学校，社会教育・文化・スポーツ施設，各省庁や企業の研究・研修のための施設，を取り上げ，それぞれについて検討をおこなった。目新しい内容ではないが，これまでの議論をふまえ，施設間ネットワークと同時に人的ネットワークの形成が課題であること，施設の活性化にボランティアが有効となること，教育委員会の活性化が必要であることなどが示された。

1998（平成10）年に同審議会は「社会の変化に対応した今後の社会教育行政の在り方について」を答申した。地方分権と規制緩和の流れのなかで，「社会教育行政は，生涯学習社会の構築に向けて中核的な役割を果た」すべきだとし，対象や領域が広いという特性をもつがゆえに「学校教育をはじめ，首長部局，民間の活動等との幅広い連携の下に，人々の生涯にわたる自主的な学習活動の支援に努めていかなければならない」とした。公民館，博物館，図書館等の社会教育施設をめぐる従前の規制を廃止あるいは緩和することによって，地方公共団体の独自性と地域の特性や地域住民のニーズに的確に対応するよう求めた。

引き続き，1999（平成11）年には「学習の成果を幅広く生かす——生涯学習の成果を生かすための方策について——」を答申し，個人のキャリア開発，ボ

ランティア活動，地域社会の発展，のいずれも現代的課題に直結する3つの観点から論じた。キャリア開発の面からいえば，絶えず変動する社会や少子高齢化のなかでの雇用問題など，個人のキャリア開発を支援する環境整備とそれを活用する社会の側の体制づくりがある。また，ボランティア活動については，1992（平成4）年の生涯学習審議会答申を踏襲し，地域社会の発展についてはボランティアによる人間相互の関係性がまちづくりに活性化，活力をもたらすとした。

5　総合行政としての生涯学習政策

　生涯学習政策は幅広い領域にわたるため，省庁や部局等を超えた総合行政としておこなうことでよりその有効性が増すと考えられる。それに該当する代表的なものを取り上げてみたい。

(1)　子どもの体験活動

　21世紀を目前に控えた1998（平成10）年に，NHK教育で放映された「学級崩壊」は教育関係者や保護者のみならず，日本中を震撼させた。未来の担い手であるはずの子どもたちの様子が私たちの想像を遙かに超えたものへと変質してしまったのである。しかもそれは特異な事例ではなく，一般的な状況になりつつあることに言いようもない不安を感じたのである。このあたりを境に，生涯学習政策も子どもの教育政策に大きくシフトすることとなる。1998（平成10）年に文部省がおこなった調査をもとに，1999（平成11）年に生涯学習審議会が「生活体験・自然体験が日本の子どもの心をはぐくむ」と題した答申を出した。そこでは「生活体験・自然体験の多い子どもほど正義感や道徳心が強い」というキャッチコピーが掲げられ，「今，緊急に求められること」とし，地域に根ざした体験活動，農家やユースホステル等に長期間宿泊しての勤労体験や自然体験，森林保全のボランティア，地域でのスポーツ活動や文化活動など，体験を通したさまざまな学習活動の重要性を訴えた。

　文部省は喫緊の対応策として，完全学校週5日制が開始される2002（平成14）

年4月までの3カ年間,関係省庁との連携により地域で体験活動ができる環境を整備し,さまざまな活動を振興する体制を整備するため,「全国子どもプラン(緊急3ヶ年戦略)」を策定した。具体的には,「子ども放送局推進事業」,「子どもセンター事業」,「子ども地域活動促進事業」,「子どもの『心の教育』全国アクションプラン」,「青少年の地域エコプログラム推進事業」などの事業を実施した。他省庁との連携で実施したものとしては「子ども科学・ものづくり教室」(科学技術庁),「ふれあいサイエンス・プログラム」(科学技術庁),「子どもの広場の整備・利用の促進」(建設省,環境庁),「子ども長期自然体験村」(農林水産省)などいずれも体験型事業を展開した。これらの事業は[14],地域に根ざし,子どもの生活に定着する活動へとは発展しておらず,活動内容や支援組織等に多くの課題を抱えている。

2000(平成12)年には内閣総理大臣が教育改革国民会議を設置し,「教育を変える17の視点」と題する報告をおこなった。ここでも子どもの状況を憂慮し,家庭の機能回復のために親の自覚を促すとともに地域に家庭教育支援機能を充実させる,学校では人間性を高める科目に力点をおく,奉仕活動を全員がおこなうようにする,個性を伸ばす教育と多様な評価をおこなう,職業観や勤労観を育む,などの提言をおこなった。

(2) 男女共同参画社会づくり

1999(平成11)年,「男女共同参画社会の形成を総合的かつ計画的に推進する」ために「国,地方公共団体及び国民の責務を明らかにするとともに,男女共同参画社会の形成の促進に関する施策の基本となる事項を定め」た「男女共同参画社会基本法」が施行された。女性の生涯学習に関する施策は,従来,学級・講座あるいはそこから発展したグループ・サークルのなかで,趣味教養的な内容や結婚・家事・育児のような女性のライフサイクルに応じた家庭生活に関する内容を中心に展開されてきた。しかし男女平等の意識の高まりのなかで,1980年代には女性問題が社会的関心を集めるようになり,固定的性別役割分業を克服し,女性のエンパワーメントを形成する学習会が各地で開催されるようになった。1977(昭和52)年に設置された国立婦人教育会館(現独立行政法人女

第4章 日本における生涯学習政策の展開　83

性教育会館）では女性教育の中核施設として各種調査研究や学習プログラム等の開発がおこなわれ，女性政策拡充の大きな推進力となった。

　1980年代以降，女性政策は文字通り総合行政のなかで展開されることとなる。1985（昭和60）年には「雇用の分野における男女の均等な機会及び待遇の確保を促進するための労働省関係法律の整備等に関する法律」が成立し，翌年施行されることとなる。1994（平成6）年には厚生，文部，労働および建設大臣の合意により，共働き世帯の増大や核家族化の進行等に対応するため，子育て支援施策の基本方向と重点施策を定めるマスタープランとして「今後の子育て支援のための施策の基本的方向について」（エンゼルプラン）が策定された。同年，内閣総理大臣官房（現内閣府）に男女共同参画室を置き，各行政機関の調整や調査，企画および立案をおこなうこととし，男女共同参画審議会を設置した。1996（平成8）年には同審議会が「男女共同参画ビジョン――21世紀の新たな価値の創造――」を，同じく2000（平成12）年には「男女共同参画基本計画策定に当たっての基本的な考え方――21世紀の最重要課題――」を答申した。そこには男女共同参画の視点に立った社会制度・慣行の見直し，意識の改革，男女共同参画を推進し多様な選択を可能にする教育・学習の充実等が盛り込まれた[15]。

　このように，省庁の垣根を低くして男女共同参画社会の基盤づくりは進行しているが，長い歴史を有する社会風土や人々の意識を急激に変えるのは困難でもある。現在，学習事業としては，「女性のエンパワーメントのための男女共同参画学習促進事業」，「青年男女の共同参画セミナー」，「0歳からのジェンダー教育推進事業」などがおこなわれているが，今なお啓発的な学習活動が多く見受けられ，その参加者も大半が女性であるのが現状である。

(3) 学習を促進する制度

　生涯学習が不可避となる背景のひとつに，技術革新や産業構造の変化があげられ，その変化に適応するために学習が不可欠となる。従来は企業内教育やOJTでカバーできていたが，昨今の雇用情勢はそれを許さなくなってきた。そこで前述のように，高等教育機関等がリカレント教育やリフレッシュ教育と

して学習機会の提供をおこなったり，労働省（現厚生労働省）が雇用保険の被保険者等に対して教育訓練経費の80％に相当する額を支給する「教育訓練給付制度」を1998（平成10）年に開始するなどしている。

　また，ボランティアへの関心は年を追うごとに高まり，1977（昭和52）年に厚生省が「学童・生徒のボランティア活動普及事業」を，1983（昭和58）年文部省が「青少年社会参加促進事業」のなかで「ボランティア・バンク事業」を，1986（昭和61）年環境庁が「環境ボランティア構想」を，1991（平成3）年文部省が「生涯学習ボランティア活動総合推進事業」をおこなってきた。そして「阪神・淡路大震災」や「ナホトカ号重油流出事故」で市民のボランティア意識が急速に高まり，それ以降の爆発的な普及につながる。1998（平成10）年には「特定非営利活動促進法（NPO法）」が成立し，万全ではないにしてもボランティアに対する制度的な条件が整備されることになる。内閣府の発表によると，2002（平成14）年9月30日現在，8315法人が認証を受けており，その活動分野の内訳は「保健・医療又は福祉の増進を図る活動」(59.6％)を筆頭に，「社会教育の推進を図る活動」(45％)，「まちづくりの推進を図る活動」(37.1％)，「子どもの健全育成を図る活動」(36.7％)と続いている。以上のように，ボランティアの活動分野は多岐にわたるため，関連施策も複数の省庁がかかわりながら事業展開がなされている。

　以上の例示は一部に過ぎないが，今後ますます人々の学習が成熟してくることを考えると，高度な学習要求に応えるために省庁や部局を超えた情報提供や事業展開の必要性が増すこととなろう。また，上述のNPO法を機にこれまで社会的承認を得にくかった市民活動が法人格を得ることにより活発化する様相を見せている。市民活動と学習には密接な関係があるため，今後はNPOを含む市民団体と行政の支援のあり方やパートナーシップの結び方が生涯学習推進に大きな影響を与えることが予想される。今後の生涯学習政策の最重要課題といっても過言ではなかろう。

注 ─────

1）市川昭午『生涯教育の理論と構造』教育開発研究所，1981，p.85.
2）池田秀男「生涯教育推進機構の組織」『生涯学習社会の総合診断』（日本生涯教育学会年報第10号）1989，p.3.
3）Ibid., p.3-4.
4）高岡信也「生涯学習を支えるもの」佐々木正治編『21世紀の生涯学習』福村出版，2000，p.159. なお，本書のなかには他にも佐々木，p.15，井上講四，p.128，国祐道広，p.191などが教育と学習について論じている。あるいは，渋谷英章「生涯教育から生涯学習への転換の意味」『生涯学習研究の課題を問う』（日本生涯教育学会年報第20号）1999，p.4-8.
5）岡本薫『入門・生涯学習政策』全日本社会教育連合会，p.40-44.
6）日本生涯教育学会編『生涯学習事典』東京書籍，p.271-273.
7）広島地域リカレント教育推進協議会『広島地域リカレント教育推進事業実施報告書』1992，および1993を参照されたい。
8）文部省『リフレッシュ教育　社会人に開かれた大学ガイド』ぎょうせい，p.18. リフレッシュ教育の特徴を「①主な対象として職業人を想定していること，②内容としても主に職業上の知識・技術を想定していること，そして，③実施機関が大学院など高等教育機関であること」としている。
9）Ibid., p.18.
10）第23回全国国立大学生涯学習系センター研究会（2001年10月）資料，p.14.
11）この事業は，異年齢の子ども50人程度を対象とした事業で，山奥や無人島など大自然の中で実施される活動で，冒険教育，環境教育，特別支援を必要とする子どもの教育にかかわるプログラムである。
12）全日本社会教育連合会『社会教育』1993年4月，p.82-83.
13）市川昭午，op.cit., p.94.
14）全日本社会教育連合会『社会教育』1999年5月，p.46-47.
15）総理府『女性の現状と施策（平成7年版）』1996，総理府『男女共同参画白書（平成10年度版）』1998，などを参考にまとめた。
16）NPOに関する最新情報は内閣府のウェブサイト（http://www5.cao.go.jp/seikatsu/npo/index.html）に記載されている。

第5章　日本の地方自治体における生涯学習政策の展開

田中　雅文

1　地方自治体における生涯学習行政の進展

　1987（昭和62）年，臨時教育審議会の最終答申「教育改革に関する第四次答申」は，「生涯学習体系への移行」という教育改革の基本理念を打ち出した。それ以来，国レベルの機構・法制度改革に呼応しながら，地方自治体でも生涯学習を推進するためのさまざまな取り組みが展開されてきた。国立教育研究所（現国立教育政策研究所）が3回にわたっておこなった全国調査の結果から，その経過を示したのが表5-1である。ここにあげたデータは，いずれも全国の市町村を対象におこなった悉皆調査の結果である。[1]

　これによると，1997（平成9）年度には，半数以上の自治体が生涯学習推進の構想等を作成した経験をもち（①），生涯学習推進のための組織体制を整えている（③-1，③-2）。そして表の数値から，これらの体制整備は，1990年度から1994年度までの4年間に飛躍的に進んだことがわかる。生涯学習モデル市町村（④）と生涯学習都市宣言等（⑤）も，やはりこの4年間に大きく伸びており，1994（平成6）年度にはすでに31.4％と6.1％に達している（1997年度の水準とあまり変わらない）。生涯学習の拠点施設として期待されている生涯学習センター（②）の設置率は，1990（平成2）年度の4.5％から1997（平成9）年度には11.5％まで伸びている。さらに，1997年度までに社会教育部・課の名称が消滅した自治体（統廃合を含む）は，27.9％にのぼる。

　このような制度的な枠組みの変化とともに，地方自治体の生涯学習行政は多くの改革を推進してきた。本章は，その流れを4つの側面から鳥瞰するもので

表5-1 市町村における生涯学習推進の経過

各項目の実施率（単位：％）

	1990年度	1994年度	1997年度
①生涯学習推進の構想・答申・建議等を作成した	22.9	41.3	55.5
②生涯学習センターを条例で設置している	4.5	7.9	11.5
③生涯学習推進の組織・機構を設置している	28.5		
③-1　連絡・調整を行う庁内組織		41.3	51.5
③-2　審議・協議を行う有識者・住民からなる組織		48.1	56.7
④生涯学習モデル市区町村である（過去の経験を含む）	16.1	31.4	37.6
⑤生涯学習都市やそれに相当する宣言をしている	3.2	6.1	7.0
⑥社会教育部・課の名称を変更した（統廃合による新部門の設置を含む）	3.2	7.5	27.9
⑦社会教育部・課を残し，生涯学習の担当部門を別に新設した		15.3	7.2
⑧生涯学習推進の主管課が市区町村長部局にある	4.1		5.5

（注）　1994年度で「⑦生涯学習の担当部門を別に新設」が15.3％と高く，1997年度では「⑥社会教育部・課の名称を変更」が27.9％と高いのは，1994年度時点で残っていた社会教育部・課が，さらなる組織改革によって1997年度には生涯学習担当の新設部門などに統合されたためと考えられる。

ある。

2　高度化と広域化

(1)　生涯学習センター

　生涯学習の考え方が各地域に浸透するにともない，地域行政による学習機会や学習支援は高度化・広域化の傾向を示すようになった。その拠点として重要な役割を担ってきたのが生涯学習センターである。

　各地域に生涯学習センターの設置を促す大きな力となったのは，1990（平成2）年に出された中央教育審議会第28回答申「生涯学習の基盤整備について」

である。この答申では"生涯学習推進センター"という用語を使っており、その主要な役割として①生涯学習情報の提供および学習相談体制の整備充実、②学習需要の把握および学習プログラムの研究・企画、③関係機関との連携・協力および事業の委託、④生涯学習のための指導者・助言者の養成・研修、⑤生涯学習の成果に対する評価に関すること、⑥地域の実情に応じて必要な講座等を主催することの6点を提案している。このほか、放送大学との連携・協力をおこなうことも提案している。

　これ以降、生涯学習（教育）センターという名のもとに、高度な内容の学習機会と広域的な学習支援を目的とする機関を設置する動きが、都道府県にかぎらず市町村（東京特別区を含む。以下同様）にも広がった。表5-1に示したように、生涯学習センターを設置する市町村の割合は、1990（平成2）年度から97（平成9）年度までの7年間に4.5％から11.5％へと伸びたのである。さらに、1999（平成11）年におこなわれた文部省（現文部科学省）委嘱調査によれば、全国の39都道府県および589市町村が生涯学習センターをもっており、設置率は依然として上昇し続けているとみられる。[2]

　なお、上記の文部省委嘱調査の結果から生涯学習センターの事業内容をみると、講座等の主催81.9％、情報提供・相談71.2％、他機関との連携・協力63.8％、調査研究・立案52.7％、指導者養成50.6％、学習成果の評価26.7％、放送大学との連携・協力12.8％である。[3] このように、かつて中央教育審議会が提案した役割のうち、とくに講座等の主催と情報提供・相談については多くのセンターが満たしている。生涯学習への期待の中身が移り変わるにともなって、生涯学習センターの機能も柔軟に変化するものと思われる。

(2) **市民大学**

　学習ニーズの高度化と広域化に対応する施策・事業として、生涯学習センターの設置は施設整備というハードの側面から応えるものである。これに対し、学習プログラムというソフトの側面からみると、市民大学と呼ばれる事業が重要である。もちろん市民大学とは、質の高い学習を求める人々の要求に対応し、高等教育レベルの講座を提供しようとする成人教育プログラムの総称であり、

実際の名称としては，〜市民（町民，村民，県民）大学，〜アカデミー，〜カレッジ，〜塾などさまざまである。最近では，市民団体がおこなうものも注目されているけれども，行政機関にとって市民大学は1つの目玉事業であり，ユニークな市民大学をめざす地方自治体の意欲はますます強まっているようである。

筆者らの研究グループでは，市町村が設置する市民大学を主な対象として，「市民大学の実態に関する調査」（全国調査）をおこなったことがある。その結果によれば，行政が中心となった市民大学の特徴を次のようにまとめることができる[4]。

まず，設置者からみた従来の社会教育講座との違いとしては，受講者の意欲が高い（55.2%），学習内容が総合的（49.9%），レベルが高い（44.4%），広域から受講者を集める（38.0%）といった回答が多くなっている。新しいタイプの成人教育としていくつかの萌芽が現れており，それらは①企画・運営に対する市民・学習者の参加・参画，②講師としての大学教員の採用，③「受益者負担」原則の取り入れ，④一般教養と地域・社会問題の重視，⑤修了後の諸活動への配慮（自主学習グループ結成の奨励など），⑥新しい教育システムの模索（単位制の仕組みなど）である。

(3) 生涯大学システム

高度性と広域性を重視した成人教育事業のうち，都道府県が提供するものには「生涯大学システム」と呼ばれるものがある。これは，広域的な学習サービス網を構築して維持・発展させるための仕組みであり，具体的には「各都道府県（生涯学習センター等）を中心に，県域内の各市町村，社会教育施設や大学・高等学校等，民間教育事業者等との幅広い連携・協力により構築される，総合的な学習サービス提供システム」[5]である。いわば，ネットワーク型の市民大学である。別の見方をすれば，1998（平成10）年に文部省生涯学習審議会の答申「社会の変化に対応した今後の社会教育行政の在り方について」が提案した，「ネットワーク型行政」の典型といってもよい。

これまで，いくつかの県で生涯大学システムが実現しており，それぞれに特色がみられる。例示すると，他県に先駆けて総合的な学習内容を網羅した「あ

おもり県民カレッジ」(青森県)，環境問題の学習に焦点をあてた「淡海生涯カレッジ」(滋賀県)，学習機会の提供機関として県内のNPOの参加を積極的に推進している「キャンパスネットやまなし」(山梨県)などがある。

3 地域づくりの推進

(1) 地域づくりのための生涯学習

1999(平成11)年，文部省生涯学習審議会は「学習の成果を幅広く生かす——生涯学習の成果を生かすための方策について——(答申)」を提出し，個人のキャリア開発，ボランティア活動，地域社会の発展という3つの側面から学習成果を生かすための課題を示した。このうち，地方自治体の施策と関係の深い領域は，ボランティア活動と地域社会の発展である。前者については，行政による支援拡充の方向として，「ライフサイクルに応じたボランティア活動のプログラム開発」，および「民間非営利の公益活動への支援促進」をあげている。後者については，従来から各地域で推進されてきた「生涯学習のまちづくり」が「生涯学習のためのまちづくり」に偏重してきたことを指摘し，これからは「生涯学習によるまちづくり」という考え方へと意識の転換をはかって，学習成果を活用した地域づくりの活動を促進することが重要であると述べている。

上記の答申に先立って実施された文部省委嘱事業[6]によれば，あらかじめ提示した10種類の「生涯学習による地域づくり事業」[7]の実施率は，次の通りであった。

　　市町村民大学44.3％，人材バンク・ボランティアバンク33.5％，出前講座31.7％，ボランティア養成・研修講座27.7％，「地域学」など市区町村についての講座21.6％，「地域づくり塾」などの人材養成講座やしくみ13.6％，市民を対象とした講師養成・研修講座など13.4％，地域づくりのための自治体職員の研修事業7.7％，エコミュージアム理念を利用した構想や事業3.1

％，起業支援のための講座2.4％

　地域づくりにつながる学習の支援が，多様な方法で実践され始めたことがわかる。このうち，市町村民大学については，前述の「市民大学の実態に関する調査」に興味深い結果が表れている。[8] この調査では，市民大学が地域づくりを志向しているかどうかを判定するための基準として，社会志向という考え方を用いた。要するに，市民大学が個人的な生きがいや教養などに焦点をあてるのでなく，社会や地域の諸問題に関する講座を開いたり，市民大学での学習の成果を地域で活用することを後押しする傾向を社会志向と呼んだのである。具体的には，2つの側面から社会志向を測定した。

　1つは学習段階での社会志向であり，これは「市民意識・社会連帯意識に関する講座」を開いている場合にそのような志向をもつものと考えた。もう1つは，活用段階の社会志向である。こちらは，修了者に対して何らかの資格・称号を与えているか，あるいは学習成果を地域で活用するための援助方策をとっている（地域活動グループの結成やボランティア活動の支援，学習成果の発表の支援など）か，そのどちらか一方でも実施している場合に，活用段階の社会志向ありとみなした。このように定義して調査結果を集計すると，次のような結果が得られた。

　　A．学習・活用の両段階で社会志向あり　　15.7％
　　B．学習段階のみで社会志向あり　　　　　43.9％
　　C．活用段階のみで社会志向あり　　　　　 6.7％
　　D．どちらの段階でも社会志向なし　　　　33.7％

このように，全体の約3分の2にあたる市民大学（A～Cの合計）は，社会志向をもっている（言い換えれば地域づくりの志向をもつ）のである。生涯学習の地域づくり効果が注目されるにともない，市民大学における社会志向の重要性がますます強調されるようになるだろう。

(2) **学習活動と地域づくりの相乗効果**

　ここで，学習活動とボランティアなどによる地域づくり活動との関係につい

て，2つの点を指摘しておかねばならない。

　第1は，学習成果を地域づくりなどに生かすことは，自分自身の今後の学習や人生にもプラスの効果となって跳ね返ってくるという点である。つまり，筆者が関係した全国調査（成人対象）の結果をみると，学習成果をボランティア活動などで活用した人はそうでない人に比べ，今後の学習継続の意欲が高いのである。さらに，高齢者のみを対象とする全国調査の結果によれば，学習成果を社会参加の活動で活用することによって生きがい感が向上することが確認されている。このように，学習活動と地域づくりの関係については，単に前者が後者につながるというだけでなく，後者から前者にフィードバックされることも含み，両者が互いに相乗効果を及ぼしあいながら発展する可能性があるとみてよい。

　第2の点は，地域づくりの活動自体が偶発的学習（incidental learning）となることである。要するに，地域づくりをめざす活動に取り組むことを通して，地域・社会問題の構造を体験的に理解したり，交渉力や問題解決能力が身につくことが多いということであり，各地の事例からそのメカニズムが報告されている。

　以上のように，地域づくりのための生涯学習を振興することは，同時に地域づくりに参加する住民の生涯学習や人生を活性化する推進力ともなりうるのである。

4　民間・市民セクターとの連携

(1)　行政の限界

　学習機会の高度化，広域化を進めようとしても，行政機関だけでは必要な事業を供給しきれない。ここでは，成人を対象とする学習事業の典型として，①学習者の自己充足に焦点をあてた「学習サービス」的なもの——趣味・スポーツ・レクリエーションなどに関する事業——，②学習者の意識・態度の変容を通して社会的な波及効果をねらう「市民教育」的なもの——いわゆる現代的課

題やまちづくりに関する学習を促す事業——の2つをあげ,その点を確かめてみよう。[12]

まず,学習サービス的な事業に目をあてた場合,人々の人生を充実させるためのあらゆる学習ニーズに対し,行政の限られた予算で対応することが不可能なのは明らかである。カルチャーセンター,フィットネスクラブ,多様な通信講座など,市場原理にもとづく民間教育事業があってこそ,学習機会の選択の幅が広がる。

一方,市民教育的な事業については,現代的課題に関する教養を身につけたり,行政のまちづくり施策に対する理解を深めるというにとどまらず,明日の社会を創るための多角的な思考を促す——いわば社会創造型の態度・意識を培う——ためには,やはり行政の枠内で企画・提供される学習事業だけでは物足りない。とりわけ,環境,福祉,国際協力,男女共同参画など,さまざまな分野で社会的使命にもとづいて活動を展開しているNPO (NGO) の提供するさまざまな学習機会の存在は大きい。

このように,地域における学習機会の拡充のためには,営利・非営利の民間組織が有する多様な「教育力」を活用することが必要だという認識が,各地域に浸透してきた。そこで以下の(2)では,教育関係の営利民間組織を民間教育事業者と呼び,これらと地方行政との関係を鳥瞰する。続く(3)では,非営利民間組織の一典型としてNPOを取り上げ,地方行政がNPOとの間にどのような連携関係を結ぼうとしているのかをみることにする。[13]

(2) 民間教育事業者との関係

文部省は1996(平成8)年,地方自治体と民間教育事業者を対象に,両者の連携に関する調査をおこなった。[14]調査結果から40%以上の回答率のあった項目をあげると,都道府県では「生涯学習審議会答申等に官民の連携協力について明記」90.2%,「民間教育事業者への公立の文教関連施設(学校を除く)の貸出しを実施」68.1%,「生涯学習審議会委員として,民間教育事業者を任命」63.6%,「生涯学習フェスティバル等普及・啓発事業や学習機会提供事業における連携」48.9%,「学習情報提供,学習相談活動における民間教育事業に係

る情報提供」40.4％である。市では，上位2項目は都道府県と同様で，それぞれ「生涯学習審議会答申等に官民の連携協力について明記」44.4％，「民間教育事業者への公立の文教関連施設（学校を除く）の貸出しを実施」42.7％となっているものの，そのほかの項目はいずれも20％に満たない実施率である。一方，民間教育事業者の側からみると総じて実施率は低く，「教育行政機関と共催で事業を実施したり，後援を受けて事業を実施」25.0％，「教育行政機関が提供している学習情報の中に自社の情報が含まれる」22.8％，「教育行政機関の設置した施設を借りて事業を実施」22.0％の3項目が20％を超える程度である。

　地方自治体に対しては，民間教育事業者と連携するメリットについても尋ねている。その結果によると，都道府県・市ともに「住民の多様な学習需要にこたえられる」，「住民に提供できる学習情報が豊富になる」という回答が多く，民間事業者との連携が地域における学習機会の拡充につながることのメリットをよく認識していることがわかる。民間事業者に備わる「営利性」ゆえに連携には工夫が必要と思われるものの，地域における総合的な学習支援の仕組みをつくるため，各地域の特性に応じた連携手法が開拓されることを期待したい。

(3) NPOとの連携

　人々の学習を支援するNPOを学習支援NPOと呼ぶとすれば，その代表的なものは学習機会を提供するNPOであろう。このようなNPOの実態を分析していくと，そこには2つのタイプが存在することがわかる[15]。1つは，学習機会の提供それ自体を目的とするもので，「学習志向」の学習支援NPOと呼ぶことができる。もう1つは，地域・社会的な課題の解決をめざした市民運動の一環として学習機会を生み出すものである。これらの団体の多くは，まちづくり，環境保護，社会福祉，国際協力などをテーマとする，各種の市民団体である。一種の社会運動体であることから，こちらを「運動志向」の学習支援NPOと呼んでよいだろう。

　これらの学習支援NPOは，概して経営基盤が脆弱である。したがって，行政から適切な支援を施すことによって，NPOの継続的な活動が可能となると

ともに，地域にとって学習機会の選択の幅が広がる。具体的な手法として，補助金，業務委託，施設利用の便宜，広報媒体の提供，各種の相談・助言などが実践されている。近年ではサロンや会議室，ロッカー，コピー機などの施設・設備を整えた支援センターが各地に設置されるようになった。

もっとも，NPOが提供する学習事業のなかには，講師謝礼や企画費などの諸経費が必要なことから受講料が有料になるものがある。しかし，教材費などの経費のほかに受講料を徴収するような講座に対しては，貸出しを禁止する公民館が少なくない。そのために，NPOの事業のなかには公民館を利用できないものも多く発生する。こうした事態を防ぐために，公民館等の社会教育施設の利用規則を弾力化してNPOの利用を活発化させるべきであるとの議論も起こっている。[16]

以上に述べてきた諸支援は，いずれもNPOの育成につながる可能性をもちながらも，逆に市民活動としての自律性を弱め，依存的な体質を助長したり，自由で創造的な活動に制約を与える危険もはらんでいる。今後の動向が注目されるところである。

(4) インキュベーターとしての行政の可能性

一方，NPO創設の後押しに力を入れる自治体も増えている。行政講座を修了した者が結集して市民活動団体をつくる例が多いことから，より積極的にNPOなどの市民活動団体の結成を支援しようという考え方が生まれてきたのである。いわば，NPOを生み出すインキュベーター（incubator，孵化器）の機能の模索である。

その典型は，特定非営利活動法人すみだ学習ガーデンの設立を後押しした東京都墨田区の経験であろう。この法人は，後述の公設民営方式の市民参画がさらに進んで，住民の企画・運営組織が制度上の自律性を獲得したものといえる。しかし，「墨田区における総合的生涯学習を一手に担っている」[17]という性格から，そして多額の委託金を受けて事業をおこなう外郭団体であることから，NPOとしていかに自律的な経営体になれるか，という重い課題を背負っている。行政によって「孵化」させられたNPOの先駆的なケースとして，今後の

発展方向が注目される。

(5) 市民参画

　NPOをはじめとする市民活動の活発化にともない，そして行政と住民のパートナーシップの重要性が注目されるなかで，行政による主催事業の企画段階で住民が意見を述べたり意思決定に参加する方式が注目されるようになってきた。このような方式は市民参画あるいは住民参画（以下，市民参画で統一）と呼ばれ，具体的には市民企画委員制度などといった仕組みのもとに各地で試みられている。ただし，通常の市民参画は，あくまでも行政などの公共機関の主催事業に，住民がその意思決定レベルに参加するものである。その意味で，これは「行政主体」の事業の枠を出ない。

　これに対し，行政等の公共機関の事業として提供するものの，公共機関の側は施設や基本経費などの基盤を提供するにとどまり，事業の中身については住民で構成する企画・運営の組織がすべて責任をもっておこなう――この意味でかなりの程度まで「住民主体」が実現した事業といえる――，という方式も注目され始めた。公共機関が設置して住民が運営することから，こうした方式は「公設民営」と呼ばれることが多い。静岡県清水市が公民館や消耗品などを提供して住民が企画・運営の中心となっている「清見潟大学塾」，（財）東京市町村自治調査会が基本経費ならびに多摩交流センターという施設を提供して，やはり東京都の多摩地区の住民が企画・運営しているTAMA市民塾などが，典型的な事例である。

　市民参画や公設民営は，近年になってから全国の地方自治体で模索・試行が活発化している。これらの方式は，住民ニーズの反映や住民による公的事業の統制という効果を生む可能性を十分に秘めている。しかし一方で，特定住民の偏った考え方が強調されすぎたり，あるいは公共機関の単なる経費削減策として住民が無給の人材としてのみ重宝されるといった問題が生まれる可能性も，同時に抱えている。今後どのように発展していくか注目されるところである。

5 学校との関係

(1) 学校と地域社会の連携

　学校と地域社会の連携については，従来から学社連携の用語で必要性が論じられてきた。しかし，近年では，学社融合，学社協働などという概念も提案され，ますます学校と地域社会の関係が重視されるようになった[18]。1996（平成8）年に出された文部省生涯学習審議会の答申『地域における生涯学習機会の充実方策について』においても，初等中等教育機関と地域の連携について，①学校教育に対する地域資源の活用，②地域社会に対する学校資源の開放，という両面から提案がなされている。具体的には，前者に関しては「地域社会の人材等を活用した教育活動」と「学校に対する地域社会の支援」，後者に関しては「地域住民への学習機会の提供」と「施設開放の促進」が提案されている。

　このような政策動向のなかで，国立教育研究所が学社連携に関する全国調査をおこなった[19]。1997（平成9）年度における市町村の取り組みを対象に実施されたこの調査では，個々の学校や校区ごとの個別の試みではなく，教育委員会単位で推進している事業の状況を尋ねている。学社連携の形態について尋ねた部分について抜粋すると，学校施設の地域住民への開放（77.8％），社会教育施設を学校の部活動で活用（40.6％），地域住民等を学校の特別活動で活用（39.1％），地域住民等を学校の部活動で活用（28.4％），学校教職員を社会教育施設等で活用（24.4％），地域住民のための学校開放講座（24.1％）といった事業の実施率が高くなっている。上にあげた，①学校教育に対する地域資源の活用，②地域社会に対する学校資源の開放という両面から，さまざまな試みの実践されていることがわかる。

　なお，こうした数量的な調査では把握しにくいものの，学校教育施設と社会教育施設の複合的な設置についても，意欲的な試みがある。たとえば，余裕教室を改修して社会教育施設として利用する，充実した設備をもつ特別教室・体育施設を設置して学校教育・社会教育の両方で使用する，などである。さらに，最近では「総合的な学習の時間」を中心に，国際理解教育，環境教育，福祉教

育など多様な側面から，地域の NPO が学校の教育活動に協力するようになった。正規の教育課程における連携ではないものの，学校週5日制の実現は，土曜日における地域住民や地域団体の役割をこれまで以上に求めるようになった。学級崩壊をはじめ，学校における教育活動の困難が顕在化してきたことも，地域社会の役割が注目される重要な要因となっている。[20]

以上のようにさまざまな取り組みや背景のもとに推移してきた学社連携は，今日では「学校支援」という考え方によってさらに多様な展開をみせようとしている。実際，学校支援ボランティアという用語も定着しつつあり，多様な形態のボランティア活動が模索されている。こうした潮流を受けて，神奈川県川崎市や東京都台東区の社会教育委員会議では，社会教育による学校支援の考え方を明確に打ち出す報告書を提出している。[21]

2001年の社会教育法改正では，国および地方公共団体の任務として「学校教育との連携の確保（第3条の2）」が明記された。今後ますます，社会教育と学校教育の連携は進むであろうし，そのなかで各地の生涯学習行政は，新しい事業の可能性を追究していくことだろう。

(2) 高等教育機関の可能性を生かす

地域の生涯学習行政からみると，高度な教育資源をもつ学校として高等教育機関も重要である。先にあげた文部省生涯学習審議会の答申「地域における生涯学習機会の充実方策について」(1996年) でも，「社会人の受入れの促進」と「地域社会への貢献」という2つの側面から高等教育機関の役割を述べている。2002（平成14）年度には，高等教育機関と連携してまちづくりに取り組む事業に対して委託金を支出する「生涯学習まちづくりモデル支援事業」(文部科学省事業) が実施され，地域における生涯学習と高等教育機関の関係がますます強まるものと考えられる。

ただ，ここで注意しなければならない点は，高等教育機関が都市や人口規模の大きい地域に集中していることである。したがって，高等教育機関のない地域にとってその機能を活用することは容易でなく，当然のことながら地域間格差が発生する。その一方で，「大学等との連携による公開講座が地域にとって

重要」とする回答の割合が，高等教育機関のない市町村ですら 60 – 70％に達するという調査結果もあり，地域の境界を越えた高等教育機能の活用が求められている。大学等の高等教育機関は，若者の進学先としてのみならず，地域の人々のノンフォーマルな教育の資源として期待されているといってよい。

注

1) 調査対象を正確に表すと，「全国の市町村（政令指定都市を除く）・東京都特別区の教育委員会，町村共同設置あるいは教育事務組合の形態による教育委員会」である。各年度の数値は，次のレポートから引用している（〈 〉内は調査名と調査票配布数，回収率）。1990（平成 2）年度〈市区町村の社会教育事業に関する調査，3228 票配布，回収率 87.3％〉は田中雅文「地域における生涯学習推進」国立教育研究所内生涯学習研究会編（代表：川野辺敏）『生涯学習の研究 上巻』エムティ出版，1993. 1994（平成 6）年度〈高齢化社会の生涯学習の振興に関する調査，3228 票配布，回収率 68.6％〉は田中雅文「高齢化社会の生涯学習の振興に関する調査（教育委員会調査）」山本慶裕編『高齢化社会に対応した生涯学習の政策・プログラムの開発に関する総合的研究』国立教育研究所，1996. 1997（平成 9）年度〈市区町村における学社連携・融合に関する調査，3240 票配布，回収率 49.5％〉は澤野由紀子「単純集計結果」澤野由紀子編『教育の役割構造変容に伴う学社連携のパラダイム展開に関する研究』国立教育研究所，1999.

2) ボイックス㈱『生涯学習センターの全国実態調査報告書』（平成 10 年度文部省委嘱「生涯学習活動の促進に関する研究開発」）1999, p.10. なお，この調査では次のA，Bどちらかの条件を満たす施設を生涯学習センターと定義している。A．自治体が設置し，しかも名称に「生涯学習」，「生涯教育」，「○○学習」が付いている。B．「複合機能を有している」，「自主事業を実施している」，「常勤職員がいる」，「生涯学習の拠点施設である」，「総合施設である（青少年，女性，高齢者，勤労者など利用者を限定しない）」の 5 つをすべて満たす。この条件を満たす都道府県と市町村の生涯学習センター（合計628 センター）に調査票を配布した結果，38.7％にあたる 243 センターから回答が得られた。

3) 田中美子「主催事業の現状」ボイックス㈱，op.cit., p.30-31. ただし，事業内容の表記については，中央教育審議会答申での用語と合わせるために，原典での用語を要約した形で載せている。

4) 注 1) で紹介した「高齢化社会の生涯学習の振興に関する調査」のなかで，市民大学を「住民一般を対象に，高等教育機関の協力などを得ながら従来の社会教育講座よりも高度な内容を提供する」学習機会提供事業と定義し，その実施の有無（1994 年度時点）と市民大学事業の名称を尋ねた。本文で紹介するデータは，そこから収集された市民大学を対象におこなった「「市民大学」等に関する調査」（501 票配布，回収率 90.4％）の

結果である。調査結果の詳細は，田中雅文編著『社会を創る市民大学――生涯学習の新たなフロンティア――』玉川大学出版部，2000，p.56 および p.68-69 を参照。
5）文部省生涯学習局『地域における生涯大学システムの整備について――地域における生涯大学システムに関する研究開発報告書――』1997.
6）生涯学習と地域づくり研究会（代表：今野雅裕）『生涯学習による地域づくり――全国の自治体の動向――全国市区町村における生涯学習による地域づくり事業の推進方策に関する調査研究報告書』（文部省委嘱事業）1999. 調査票の配布数は 3232 票，回収率は 65.9%。
7）生涯学習の政策や行政で使われる用語として「まちづくり」と「地域づくり」が混在しているけれども，両者はほとんど同じものを意味していると考えてよい。本章では，政策文書などからの引用の場合を除き，「地域づくり」で統一する。
8）田中雅文編著，*op.cit.*, p.75-77.
9）田中雅文「学習継続を促すボランティア活動」国立教育研究所内生涯学習研究会編, *op.cit.*
10）田中雅文「高齢者における学習と社会参加の関係」『日本女子大学紀要：人間社会学部』第 9 号，1998.
11）齋藤信夫「ボランティア活動の教育力」白石克己・田中雅文・廣瀬隆人編, *op.cit.*
12）この点についての詳しい考察は，田中雅文「「民」が広げる学習世界」白石克己・田中雅文・廣瀬隆人編『「民」が広げる学習世界』ぎょうせい，2001，p.3-6 を参照。
13）NPO の定義として確定したものはない。ここでは，特定非営利活動法人と草の根的なボランタリーな任意団体を総称して NPO と呼ぶ。中村陽一・日本 NPO センター『日本の NPO 2000』日本評論社，1999，p.14-15，田中敬文「NPO とは何か」『社会教育』4 月号，㈶全日本社会教育連合会，2000 など参照。
14）教育行政機関と民間教育事業との連携方策に関する調査研究協力者会議『教育行政機関と民間教育事業者との連携の促進について（報告）』1998. この調査で定義されている民間教育事業者とは，「①カルチャーセンター，外国語学校，スイミングクラブ，フィットネスクラブ，社会通信教育事業者など，教育事業を主たる目的とする事業者」，「②茶道，華道，ピアノなどを教授する個人事業者」，「③書店，楽器店，CD ショップ，スポーツ用品店等，教育・文化・スポーツ等に関連する事業者」，「④地域貢献や企業のイメージアップなどのために，教育・文化・スポーツ等に関連する事業・イベントなどを行う事業者」である。調査対象と配布数・回収率は，地方自治体が 47 都道府県（回収率 100％）と 691 市（同 97.0%），民間教育事業者が 1428 所（同 35.2%）であった。
15）田中雅文・樋口健「生涯学習を支援する「NPO」の生態」『日本生涯教育学会論集』20，1999.
16）川崎市社会教員委員会議が 2000 年 3 月に提出した『社会教育施設における市民活動の支援と連携のあり方について（答申）』は，このような弾力化の必要性を訴えている。

17) 森本清一「NPO 法人すみだ学習ガーデンの経験」『社会教育』6 月号，全日本社会教育連合会，2002．
18) これらの概念をわかりやすく整理したものとして，佐藤晴雄「学校と地域でつくる学びの未来」白石克己・佐藤晴雄・田中雅文編『学校と地域でつくる学びの未来』ぎょうせい，2001 がある．
19) 澤野由紀子，前掲論文。注 1) にあげた「市区町村における学社連携・融合に関する調査」の結果である．
20) 学校教育が困難になったことの原因と対策について学校・地域・家庭の関係から考察したものとして，田中雅文「学校と地域組織の協働」白石克己・佐藤晴雄・田中雅文編，*op.cit.* がある．
21) 川崎市社会教育委員会議『こども　はつらつ　おとな　いきいき～学校・家庭・地域をつなぐ川崎の教育～〈学社融合への提言〉』川崎市教育委員会事務局生涯学習部生涯学習推進課，2002，および東京都台東区社会教育委員の会議『家庭・学校・地域の教育力のさらなる充実について──子育て・子育ちを支援する──』東京都台東区教育委員会生涯学習課，2002．
22) 田中雅文「学習機会の地域的不均衡性とネットワーク化の課題──学校公開講座の実態分析をとおして──」岡本包治編『生涯学習施設ネットワーク化』(現代生涯学習全集第 9 巻) ぎょうせい，1993．データ出所は，注 1) で紹介した国立教育研究所「市区町村の社会教育事業に関する調査」．

第6章　社会教育論の成立とその系譜

　　　　　　　　　　　　　　　　　　　　　　　　　米山　光儀

1　「社会教育」という語へのこだわり

　文部省は，1988（昭和63）年に機構改革をおこない，それまであった社会教育局を廃止し，生涯学習局を新設した。2001（平成13）年に文部省は省庁再編で文部科学省となり，生涯学習局は生涯学習政策局となっている。このように文部科学省内に社会教育局は存在しなくなったが，教育行政を担う中央官庁である文部科学省が，社会教育にかかわりをもたなくなっているわけではない。社会教育局内にあった社会教育課は，生涯学習局のなかにも存在しており，生涯学習政策局になっても，それは同じである。しかし，「社会教育」という語は，徐々に使われなくなる傾向があることは否定できない。社会教育という語は，生涯教育や生涯学習という語，主に後者に取って代わられつつあるといってよい。しかし，当然のことながら，社会教育と生涯教育・生涯学習とは，その意味するところは異なっている。生涯教育・生涯学習は，生涯にわたる教育・学習であり，そのなかには学校教育も含まれるが，社会教育は，社会教育法第1条に，「この法律で『社会教育』とは，学校教育法（昭和22年法律26号）に基き，学校の教育課程として行われる教育活動を除き，主として青少年及び成人に対して行われる組織的な教育活動（体育及びレクリェーション活動を含む）をいう。」と定義されており，学校教育が除かれている。社会教育法の定義は，必ずしも社会教育の本質を規定したものではないが，一般には社会教育は学校教育以外の教育活動を総称するものと考えられているのである。しかし，本来は学校教育も含むと考えられる生涯教育・生涯学習という語は，ほぼ社会教育と

同義に用いられることが多く，その区別がされていないのが実情である。このことに問題はないのであろうか。

　実は，行政機構のなかで「社会教育」という言葉がついた部局が廃止されたのは，1988（昭和63）年が初めてのことではなかった。社会教育局が文部省に新設されるのは，1929（昭和4）年のことであるが，その社会教育局は，1942（昭和17）年に行政簡素化にともなう文部省官制改正によって，廃止されているのである。それまで社会教育局が所管していた事柄は，国民教育局，教化局，さらに教学局が分担して所管するようになるが，1943（昭和18）年には教化局が廃止され，教学局の機構が拡充され，社会教育は主に教学局が所管するようになる。このように，戦時下に社会教育局は一度廃止されているのであり，その時期には社会教育という語よりも，教化あるいは教学という語が多く使われているのである。社会教育局は戦後の1945（昭和20）年10月に再設置されているが，前述のようにその社会教育局も1988（昭和63）年に廃止された。文部省社会教育局は，2度廃止されるというきわめて珍しい歴史を有する部局なのである。この2度の廃止をどのように考えればよいのであろうか。1942（昭和17）年の廃止と1988（昭和63）年の廃止は，どのように異なるのであろうか。

　本章では，上記の2つの問題を念頭におきながら，戦前の社会教育論の成立とその系譜を辿ろうとするものである。ただし，その際，どこまでを社会教育論として取り上げるかということについては，さまざまな考え方が存在する。その1つは，社会教育という言葉にこだわり，社会教育という言葉が使われている論のみを取り上げて，検討しようとするものである。その考え方は，わが国における社会教育という言葉の特異性を考慮したとき，一理あるといわなければならない。前述の生涯教育・生涯学習は，英語では lifelong education; lifelong learning といわれており，その日本語は外国語を直訳したものである。しかし，社会教育を直訳すると social education となるが，social education という言葉は，英語圏で一般的に使われている言葉ではない。社会教育に対応する言葉は，いくつかあるが，最も一般的な語は，adult education であろう。しかし，adult education は，成人教育という訳語があてられることが多い。

そこからもわかるように，社会教育という語は，外国語を直訳したものではないのである。社会教育という語は，日本の中で培われてきたものであるといってよく，その語には特異な意味が付与されている。その意味では，社会教育という語にこだわり，その語が使用されている論を辿るという作業は，意義のあるものである。しかし，一方で社会教育という言葉にのみこだわって，社会教育論の形成と系譜を語ることは，実質的には社会教育を論じている重要なものを見落としたまま，社会教育論の形成と系譜を語ってしまうことになる可能性が高い。現在，生涯学習論として展開されている実質的な社会教育論を無視して，社会教育論を論じようとすることに問題があることは，容易に想像できるであろう。社会教育という語にのみこだわって，社会教育論を論じることは，危険性も孕んでいるのである。

そのようなことも考慮し，本章では，社会教育という語へのこだわりをもちつつ，社会教育という語が使われている教育論だけでなく，社会教育という語が使われていなくても，実質的に社会教育論であるものを取り上げ，社会教育論の成立とその系譜を論じることとしたい。

2　社会教育論の成立をめぐる問題

1926（大正15）年の世界成人教育協会（The World Association for Adult Education，WAAEと略）の紀要にわが国の成人教育に関するレポートが掲載されている。[1] 世界成人教育協会は，イギリスの労働者教育協会を創った人物としてよく知られているA．マンスブリッジが，1919（大正8）年に創設した各国の成人教育運動の交流・協力を推進するための世界的組織であり，日本では帝国教育会や協調会などが関係をもっていた。このレポートは，わが国の成人教育の歴史・その現状・結語よりなっているが，歴史が書かれている部分では，近代以前の成人教育として「心学」が取り上げられ，心学を「現在の成人教育の目的と多く共有する部分がある」[2] と評価している。一方，近代以降については，「明治初期から今日までの民衆教育」という項目が立てられているが，初等・

中等・高等教育などの学校教育の確立が政府の中心課題であったために,「社会教育・成人教育・労働者教育」はきわめて不満足な状態であったこと,そして第1次世界大戦後に成人教育が本格化したことが書かれている。そこには,明治期の具体的な成人教育の動向はまったく書かれていない。このレポートは,成人教育の具体的な活動について書かれたものであり,社会教育論が直接的に取り上げられているわけではない。しかし,このレポートをみるかぎり,わが国の社会教育は近代以前から展開されており,社会教育論もその頃に形成されたように思われる。このレポートのように,近代以前に存在した心学などの民衆に対する働きかけを社会教育としてとらえ,社会教育史に位置づけようとする研究も少なくなく[3],その限りで,近代以前に社会教育論の成立を求めることが可能なように思われる。しかし,社会教育論の成立は,近代以前のこととは考えられていない。宮原誠一は,「われわれは古代社会や中世社会において,宗教家や政治家や学者が行った民衆教育と,こんにちのいわゆる社会教育とを単なる連続的な発達線上においてはならない。両者はまったくその歴史的内容を,社会的意味を,一言でいえばその本質を異にするものである。(中略)社会教育という概念を歴史をとびこえた非歴史的概念としてあつかつたのでは,こんにちわれわれの周囲にみられるいわゆる社会教育なるものの本質を理解することはできない」[4]といっており,社会教育の本質を究明する社会教育論は,歴史的概念としての社会教育を対象としなければならないと主張した。その意味では,社会教育論は,国家が教育に積極的にかかわり,学校制度,とりわけ義務教育制度を整えていく近代の教育概念としての社会教育を対象とするものであり,近代以降に社会教育論は形成されることになる。実際には,近代以前の教育活動に学ぶべきことは多くあるとはいえ,社会教育論は,すぐれて近代に属する事柄なのである。

前述のWAAEのレポートには,明治期のことはほとんど書かれていないが,実はその時期に最初の社会教育に関する単行本が刊行されている。1892(明治25)年に刊行された山名次郎の『社会教育論』がそれである。山名の著書以前にも社会教育という語が使われて,論じられることはあったが,単行本として

刊行されたのは、山名の『社会教育論』が初めてであり、わが国の社会教育論の嚆矢と考えられている。しかし、山名の『社会教育論』は、刊行当時、大きな影響力をもったというわけではない。その本は、長く忘れられたものであった。その本が脚光を浴びるのは、1940年代のことであった。文部省社会教育局調査室で偶然にその本は見つけられ、山名は社会教育の先覚者といわれるようになったのである。前述のレポートが書かれた1926（大正15）年には、この本はほとんど知られていなかった。1920年代には、社会教育論の成立についての歴史的関心は、ほとんどなかったのである。

ところで、文部省普通学務局第四課が社会教育課と改められたのが、1924（大正13）年であり、前述のレポートが書かれた時期は、文部省による社会教育事業が積極的に展開されていた時期であった。したがって、このレポートには文部省のそれが多く取り上げられている。しかし、このレポートには、それだけではなく、自由大学運動などの民間の教育運動も取り上げられている。このレポートで小さく取り上げられている成人教育協会を創設した石田新太郎は、このレポートを読んで、世界成人教育協会に「有力な文部省のことでありますから、その事業を数年後には屹度立派なものにするでありませうが、併し現在に於ては、講師は未だ成人教育の意味や方法を解してをらぬものゝ如く、聴講者の気風も未だ他から強制されるまでもなく自ら進んで出席するといふ風にはなってゐないやうです」と文部省の事業について、批判的に書き送っている。そこから、文部省の社会教育行政が本格的にスタートした時期に、文部省の社会教育事業に批判的な意見をもちながら、自分で成人教育運動を展開した人物もいたことがわかる。そこには文部省の社会教育論とは異なるものがあったことが推測される。

そこで、本章では、明治20年代の山名の『社会教育論』をわが国の社会教育論の嚆矢として検討し、次に社会教育事業が本格的に展開する1920年代の社会教育論をみることにしたい。その際、文部省を中心とした社会教育行政をおこなう側の社会教育論と、それに批判的な社会教育論の両者を対象とする。そのうえで、戦前の社会教育論の問題点などを考察することとする。

3 社会教育論の登場

　山名次郎の『社会教育論』が「今日の社会教育と，まったく同じ種類のものである。正に卓見と謂ふべきものであらう」と評価されたのは，「今や社会教育が組織的発展期に移行せんとして，全面的再検討が加へられつゝある折柄」といわれる1941（昭和16）年のことであり，まさに社会教育の名を冠した部局が廃止されようとしていた頃のことであった。戦後も社会教育論の嚆矢と考えられる山名の『社会教育論』への関心は強く，今日にまで至っている。

　山名次郎は，鹿児島県出身で1864（元治元）年生まれ，1883（明治16）年に慶應義塾に入学し，85年に卒業している。山名は，「私の今日あるは一に福澤先生の大徳庇護のお蔭である」と回想しているように，慶應義塾で福澤諭吉の影響を強く受けている。実は，福澤は，1877（明治10）年の三田演説会で「人間社会教育」という言葉を用いており，これは「社会教育」という語のはやい時期の用例といわれている。実学を主張していた福澤は，「人間社会教育（学校教育のみを云ふに非ず）の要は，一事にても人をして早く実に当たらしむるに在り」と述べ，実社会が持っている教育機能を社会教育という語で示した。福澤の社会教育論は，「福沢にとって社会教育は，確立途上にあった日本の資本主義社会を担うべき『中流人士』の個々の社会経験に基づく自己教育を意味していた」と評価されているが，ここで注目すべきは，福澤が学校教育の補完として社会教育をとらえていないことである。明治10年前後の慶應義塾には，学校教育を教育の中心とする考え方はなく，逡巡しながらも，学校教育よりも他の教育を優位に考える考え方が存在していたのである。

　それでは，山名にとって，社会教育はどのようなものであったのであろうか。山名は，札幌師範学校長補として，北海道に赴任していた1891（明治24）年，『北海道教育会雑誌』第3号に「社会教育」を発表した。これが『社会教育論』の原型となったものであるが，そこで「若し学校及び家庭の教育をして完全ならしめんと欲せば此の外に社会教育なるものを待つにあらざれば迚ても充分の目的を達すること能はざるべし」（圏点原文）と，社会教育を提唱し，「社会教育

主義は積極的に事の風教に関するのみならず実業上等に至るまで教育上の普及を図るもの」(圏点原文)[15]とした。山名も福澤と同じように、社会の教育力を認め、「社会なるものは人世の一大勢力たること明なれば教育上此の勢力を利用することは最も必要なり」[16]と、社会教育を提唱したのである。しかし、日本社会の現状について彼は、「日本の社会は全く無教育の社会なりと云はざるを得ず(中略)一方に如何に学校を起せばとて学校は人間社会以外のものにあらざる限は何等の功なきことなり」[17]という認識をもっていた。その現状に対して、彼は「社会自らにも教育なかるべからずとの主義を定め此主義に依り有志者一致団結し斯る破行非徳を為して恥ぢざる者は之を譴責戒喩して徐々善に就かしむることゝなし是等消極的に弊を防ぐを始めとして更に一歩を進めて責極的に或は善を勧め或は士気を振作し或は実業心を喚起する」(p.21)ことを主張するのである。しかし、社会教育は「一国の元首なるものあつて強制権を以て之を実行するの道なきを以て其主義甚た漠然たるの慊なきにあらざれども要之社会は一個の有機体なれば自個を教育するの必要は明白にして即ち社会教育の主義は社会と共に発達すべきものと云ふべきなり」(p.25)と、社会の発達によってしか、社会教育がおこなわれないという立場をとる。山名は社会が発達した例として、「近来欧米各国は文明の進歩するに従ひ政府の外に種々の団結発達成長して政府も其発達成長を促し其力を借りて事の大成を期せん」(p.9-10)としていることをあげ、「団結とは即ち彼の協会の類」(p.10)という。そして、彼は「教育会なるものは此社会教育主義の既に微光を発したるものなれば諸事万端当時先づ社会教育主義を実行する為めには教育会を利用するは最も便利なるべし」(p.24)と、教育会に期待するのである。これは彼が北海道教育会創設の発起人の一人であり、副会長として北海道教育会の活動に関係した経験にも裏打ちされている。もちろん、山名は「今の教育会は多くは官吏の集合体なれば真に自治独立のものにあらず」(p.24)と述べ、教育会の現状に満足していたわけではないが、山名は「自治独立」の私的な結社が多く創られ、それによって社会教育がなされていくことを期待したのである。

それでは、山名は国家がおこなう教育について、どのように考えていたので

あろうか。山名は「社会教育とは国家教育に対するの名称」(p.12)としている。しかし，一方で彼は「社会教育の現時に於て効用を顕す所は国家教育の必要として示せし其教育の方針を社会自ら実行して国家教育の及ばざるところを輔翼するに在り」(p.18)とか，「国家教育の指定するところに従って社会は自ら自個を矯正し又善に進むの工風を為すより外に道なかるべし」(p.24)といっている。山名は国家教育と社会教育を別個のものと認識し，両者の分業による協業を考えていたのである。しかし，教育の方針を示すのは，国家教育であり，社会教育はそれに従属しているという構造がここに見える。山名の社会教育論にあっては，近代市民社会を構成する私的な結社が社会教育を担っていくことになるが，それが国家の枠組みから逸脱することは許されなかったのである。この姿勢では，実際には当時の国家による教育を安易に肯定することになってしまう。山名にあっては，国家が展開していた学校教育の目的を，社会にある私的な結社が共有し，その目的を実現していこうということになり，そこでは社会教育の独自の意義が強調されながらも，それは学校教育を補完するものとなってしまうのである。その意味では，社会教育は学校教育に対して優位なものと位置づけられているわけではなく，明治10年前後の慶應義塾においてなされていた教育認識と異なるところがあったといわなければならない。

　山名が慶應義塾で学び，福澤から大きな影響を受けたことは前述した。『社会教育論』における政府を離れた私的な結社を重視する姿勢は，そこで学んだものであろう。しかし，一方で山名は鹿児島県士族であり，当時の藩閥政府を心情的に支持していたように思われる。国家教育を推進した初代文部大臣・森有礼を回想する座談会に出席した時，彼は「福澤さんと森さんは非常に別懇のやうでしたね」[18]と述べ，福澤と森との関係を強調している。しかし，福澤は儒教主義が転換されるという意味で，文部省に入った森に期待するところがあったと推測されるが，森がいわゆる学校令で創っていった国家教育の仕組みについては，教育の本旨に反すると考えていた。[19]このように福澤と森の教育観は異なっていたのであるが，山名は両者の違いを十分に認識していなかったように思われる。それが「別懇」という表現にあらわれているのである。山名の『社

会教育論』は,その基礎を一方では福澤に代表される近代市民社会論におきながらも,他方では藩閥政府が推進する必ずしも近代的とはいえない国家論においていた。「山名の立論の姿勢は,封建遺制の打破と日本社会の近代化とをめざした大胆な論客であった福沢のそれとくらべて,雲泥の差があるといわなければならない」[20]と評価されているが,社会教育と国家教育との関係は,山名の『社会教育論』の限界を示している。1941年の山名の再発見は,この限界とも関係している。山名の論は,このような限界があったからこそ,戦時下で評価されたのである。

しかし,山名が私的な結社で構成される市民社会に注目し,その教育力を主張したことはあらためて評価されなければならない。山名の『社会教育論』に対する古典的な評価として,「山名にとって社会教育とは社会問題とくに労働者・貧民問題の社会改良論的な解決策の一環にほかならなかった」[21]という評価があるが,山名にとっては重要なことは,「細民」の社会教育以上に,「良民」に対するそれであった。『社会教育論』が問題としたのは,近代市民社会の形成であり,近代＝資本主義社会に必然的に生じてくる労働問題への対応は,二次的な事柄だったのである。その意味では,山名が単に社会政策の一環として社会教育を考えていたということはできない。山名がどのような市民社会を想定していたのかという問題は,問われなければならないが,彼が,教育主体として国家とは別個に市民社会を発見したことは意味のあることであった。その意味で,山名の『社会教育論』は本格的な社会教育論の嚆矢であり,社会教育論の源流として評価できる。しかし,一方で国家教育の枠組みから抜け出せなかった限界もまた認識されなければならないだろう。

4 社会教育行政の展開と社会教育論

山名の『社会教育論』では,社会教育は政府がおこなうことではないと考えられていた。それでは,行政の側は社会教育をどのように考えていたのであろうか。

臨時教育会議の「通俗教育ニ関スル施設ノ計画及実行ノ任ニ当ル為文部省ニ主任官ヲ置クコト」という答申を受けて，文部省普通学務局第四課が創設されるのは，1919（大正8）年のことであった。1920（大正9）年の通牒で，その課は「社会教育ニ関スル主務課」とされていたが，その課の管掌事項の「通俗教育」が「社会教育」という言葉に正式に改められるのは，1921（大正10）年のことであった。そして，1924（大正13）年に課の番号制が廃止されたことから，普通学務局第四課は社会教育課となり，名実共に社会教育の主務課となったのである。このことからもわかるように，1920年代以前は，文部省は社会教育という語ではなく，通俗教育という語を使用していた。文部省官制に通俗教育という語があらわれるのは，1885（明治18）年のことであるが，これは当時確立が急がれていた近代学校制度に対する理解を親などに求めるものであり，就学促進のための教育を内容とするものであった。このように，通俗教育という語は，当初から学校教育とかかわりをもって使用され，学校教育，とりわけ義務教育確立のための宣伝であり，親などを対象としていたとはいえ，真のねらいは，子どもの就学であった。その意味では，通俗教育は学校教育を補完するものであった。
　山名らによって「社会教育」という語が使われた明治20年代にあっても，行政の用語としては，通俗教育が使われていた。しかし，徐々に通俗教育は就学促進教育だけを意味するのではなく，一般民衆を直接の対象として，平易な内容でその人たちを教化していくものへと変わっていった。この変化が本格化するのは，20世紀初頭の日露戦争後のことであった。この時期は，内務省も地方改良運動を展開していた時期であり，通俗教育は，明治末年から文部・内務の両省によって推進されていったのである。
　それでは，なぜ大正期の中頃に通俗教育は社会教育と改称されなければならなかったのであろうか。文部省に普通学務局第四課が新設された時に課長となった乗杉嘉壽は，「我邦の如き，社会教育の施設を見るに至つたのは極めて最近のことであつて，それも甚だ漠然たる意味に於て所謂通俗教育の名称の下にその教育の一部が行はれたものであつたが，今日では最早かくの如き狭義の社会

教育のみを以ては満足することが出来なくなつた。即ち今日に於ては従来通俗教育の名によつて行はれたやうに，知識道徳の普及発達を通俗的な講義講演又は通信の方法によつて行ふばかりでなく，社会進歩の為めには時に高遠なる専門的の知識思想を或特殊の階級又は社会に伝ふることも必要であつて，単に通俗的であることが社会教育にはならぬのである。加之，社会の欠陥に対して特に教育的救済の手段を講ずることも亦此の教育の施設の重要なる部分を形作るものと言はねばならぬ。茲に教育的救済といふことは社会に於る弱者を救済するに，物質的に之を行ふに対し精神的に行ふの意味である」[22)]と述べ，通俗教育という概念では十分ではなくなったという認識を示し，さらに物質的な救済としての社会事業に対して，教育的救済としての社会教育を主張したのである。

　社会教育という語を使ったのは，乗杉が最初というわけではなく，明治末には井上友一などの内務官僚はしばしば用いていたし，文部省でも使用されることはあった。しかし，社会という言葉は社会主義を連想させることから，社会がつく言葉の使用は意識的に避けられていた。社会教育が文部省の公的な用語となったことについて，乗杉は「社会教育と云ふ事業其れ自身が文部省の事務の一ツとなつた事は，如何に時代の趨勢とは言へ憾かに一種の奇蹟の如き感を起されるものがある」[23)]とまでいっているが，大きなハードルを乗り越えてまで，社会教育と改称しなければならなかったのは，まさに時代がそれを求めていたからであった。それまでとは異なり，大正期の中頃には，社会を直接の対象とした教育活動が必要とされるようになり，社会教育という語を使わざるをえないような状況が現出していたと考えられる。

　それでは，乗杉は社会教育をどのように考えていたのであろうか。彼は，「社会教育とは個人をして社会の成員たるに適応する資質能力を得せしめる教化作業である」(p.1)と定義している。乗杉は，社会教育を「社会の生成発育のために必要欠くべからざる事業」(p.4)と考えた。そして，彼にとって，社会とは「共同目的を有する人格者をその要素とする有機的の団体」(p.2)と認識されるものであった。乗杉は社会教育を学校教育よりも重要で，意味のあるものと考えていた。そして，「社会教育の主張はそれ自身学校教育に対する実

に有力なる一の批判である」(p.214) と，社会教育から学校教育の改造を試みる。彼は社会教育は学校教育に対して2つの意義があるという。1つは，「学校教育の延長又は補充」(p.7) である。そして，もう1つが「学校教育に対して特別の刺激を与え且新味を加へ，之が内容形式までも変化を来たさす」(p.7) ことである。その刺激とは，「因襲に依て一種の形式が出来上り社会の実際生活から漸く遠ざからんとする学校教育に対し，其の伝統を打破し，社会其の物と密接なる連絡融合を図らしめること」(p.7-8) であるという。ここから，社会教育は「学校の社会化と社会の学校化」(p.226) を任務としていることになる。乗杉は，社会教育の発達と進歩は「学校教育の力に待つこと頗る大であって，結局此両者は相依り相助けて行ふべき性質のもので，何れか一方だけでは，健全なる国家社会の進歩は望まれない」(p.8) という。したがって，彼は「貧困の為に教育出来ざるものを救済し，彼等もまた我が国家の柱石として之を擁護すべき重要なる国民に仕立てあげる同情が我が社会一般に湧起して，真に村に不学の徒なき盛況を呈するに至らねばならぬ。更に進んで身体並に精神の欠陥のあるが為に，教育を受ける事が出来ないものを救済せねばならぬ。」(p.193) として，「我が国民の義務教育が甚だ大切であって，五十年来努力し来つた我が教育機会均等主義を完全に発揮する事ではないか。」(p.194) と，障害を持った人たちに対する教育を含めた義務教育の重要性を説く。その一方で，彼は「近時教育上の機会均等といふことを叫ぶものがあるが，教育本来の意義目的から言へば凡ての教育事業は全人類を相手になさるべきもので，特に選ばれたるものに対しては之を為すが如きは誤れるものであるが，今日の学校教育では到底この要求を具体化することが出来ない。機会均等の叫びの如きでもこの不満から生じたものである。然るに社会教育は社会生活を構成する凡ての人々を相手とすべきもので，特殊例外を容認すべきでなく，一の方法で不能なるときは他の方法によるといふ風にあらゆる方法を利用し，社会全般に向つて之をなすのである。即ち社会教育は教育のそれ自身機会均等なるを具体的に示すものなのである。」(p.219) と教育の機会均等が社会教育によってしか実現しないともいう。乗杉は，義務教育の完全な実施と社会教育によって，教育の機会均

等を実現しようとしたのであり，彼にとって社会教育行政とは，デモクラシーの具体的な実践だったのである。

乗杉のめざす社会は，「具体的には成熟した西欧的〈市民社会〉をさししめすものであった[24]」といわれる。彼にとって社会教育という営為は，デモクラシーを原理とする近代市民社会に不可欠なものと認識されており，社会教育によって近代市民社会の構成員＝市民を創り出していこうとした。しかし，彼はそれを国家の指導性の下に実現しようとしたのである。乗杉は，山名のようにそれを私的な結社によって構成される社会に委ねようとはしなかった。彼は，第1次世界大戦後の戦後経営を「我国を第一流の国に進ましむるか第三流に退かしむるの分岐点」(p.251)と考え，欧米の状況を「教育が大いに国家化して来た」(p.155)との認識のもと，行政の介入によって，「独立自営の精神即ち自営心」「国体愛護の精神即ち公共心」「協同一致の精神即ち協同心」(p.281)を内容とした自治的精神をもった「世界列強の仲間入りをしてゆく国民」(p.281)を創っていこうとした。乗杉は，ここで近代的市民を国家が介入・指導することによって創り出していくという抜き差しならない矛盾を抱えてしまうことになってしまったのである。

乗杉の社会教育論は，社会教育を教育の本質とかかわらせてとらえられるなど，斬新な視点をもったものであった。彼が，社会政策がめざす経済の視点からの救済では十分でなく，教育の視点からの救済があって，はじめて機会均等が実現すると考えたことは特筆に値する。しかし，彼の社会教育論も国家教育の枠組みから抜け切れず，市民社会の発見も帝国主義段階に入った国家が必要とする人材の養成との関係でなされたものであった。これが，「創設期第四課による社会教育政策は，それが〈市民社会〉的価値の追求によって貫かれていたにしろ，その遂行姿勢の中に，〈国家〉の強力な指導によって民衆の日常生活へ介入・干渉するという，後年の教化総動員体制下での政策遂行姿勢に通づる面も有していたことは否めない[25]」と評価される所以である。文部官僚による社会教育論は，国家主導の教化政策に理論的にも対抗するものを構築できず，1942（昭和17）年の社会教育局の廃止を迎えることになる。[26]

5　教育運動における社会教育論

　文部省による社会教育行政が本格化する1920年代には，それとは直接に関係をもたない，あるいは対抗関係にあるといってもよいような民間の社会教育の実践が存在した。前述のWAAEのレポートに批判的であった石田新太郎もそのような社会教育実践をおこなっていた人物の一人であった。彼は1924（大正13）年に『成人教育施設案内』を刊行し，「人は富めるも貧しきも，一生学芸に遠ざかつてはならないものであり，又全く遠ざかり得るものでありませぬが，種々の事情から不得已此の希望を達し得ぬ人が随分多いと思はれます」[27]との認識から，輔導学級による成人教育の運動を展開した。彼は自らの活動を「従来の社会教育事業の如く唯漫然と公衆に対するのではありませぬ」と述べている。石田の『成人教育施設案内』はこれまで「翻訳的成人教育論」とされている[28]。しかし，石田の成人教育論は，彼の教育学研究に基づいたものであり，それを単なる翻訳・紹介とみるのは誤りである。

　石田は，慶應義塾大学部の卒業生で，慶應義塾の幹事や理事を歴任した人物であるが，1895（明治28）年に谷本富らとの間でヘルバルト教育学に関する論争をおこなった人物でもあった。彼は1912（大正元）年に刊行した『天化人育』のなかで「畢竟，教育といふことは人をして人たらしむる全作用，即ち生れたまゝの人を真の人間たる職分を尽し得るやうに導いて発達させる作用全体を含んで居るものであるから，自然の力も其の一つであり，社会の力も亦その一つである。両親の力も学校教師の力も勿論加はるのである」[29]と述べ，「自然の教育」，「社会の教育」，「家庭の教育」，「学校の教育」，「寺院の教育」の章を設け，それぞれを検討している。彼は教育＝学校と考えていたわけではなく，自然，社会，家庭などを含め，人を取り囲む環境の教育化を主張した。彼の成人教育への取り組みは，社会の教育化のひとつの実践であり，方法はイギリスの労働者教育協会の輔導学級から学んでいるとはいえ，明治期から続けてきた彼の教育研究の成果に拠っているのである。その意味では，石田は社会教育という語は使っていないが，『成人教育施設案内』は彼の社会教育論であり，彼にとっ

ての社会教育は，彼が考える教育の本質から導かれたものなのである。石田が設立した成人教育協会は，地方自治体・教育会などの団体と協力して，成人教育運動を展開した。彼は「成人教育は之を国家の施設として普及完備させる事は最も望ましい事」[30]というが，実際には民間で行う以外にはないと考え，いくつかの団体のコラボレーションによって，成人教育を展開していくことを考えたのである。彼の社会教育論における国家の位置づけは必ずしも明確ではないが，教育の本質から社会教育が考えられたことは注目されなければならない。しかし，石田は1927（昭和2）年に志半ばでこの世を去り，成人教育協会の活動も1936（昭和11）年以降はみられなくなってしまうのである。[31]

同じようにWAAEのレポートで取り上げられている自由大学運動を展開した土田杏村も，当時展開されていた社会教育を彼が考える教育の本質論から批判する。杏村は「教育とは，其れを受ける事により，実利的に何等かの便益を得る事にだけ止まるものでは無いと思ふ。我々が銘々自分を教育して，一歩一歩人格の自律を達して行くとすれば，其れが即ち教育の直接の目的を達したのである」[32]という。そして，その目的は自己教育によってのみ確立するというのが彼の考えであった。杏村は自己教育をあらゆる活動の基礎に据え，「先づ第一に教育に於いてのデモクラシイを要求」(p.146)する。彼によれば，デモクラシーとは「個人的に見れば，個々の人格が其の判断と行動とについて他より強制せらるるところなく，完全に自律することを意味し，社会的に見れば，個人は其の固有する能力の凡てを完全に生長せしめ，個性的に社会の創造に参画すること」(p.151)であり，そのことを実現するためには，「其の判断と実行とを通して，完全に自己の人格を自律せしめ得る人格は，完全に自己を教養し，判断と実行とに於いて自己決定をなし得る完全なる能力を持って居」(p.151-152)なければならないとされる。そのことは「個々の人格は完全なる教育を経過」(p.152)していなければならないことを意味し，その限りで教育こそはデモクラシーの前提となる。また，デモクラシーの目的については，「個人的に見れば，各人は自己の人格を完全に自律せしめることより進んで，更に社会人としての自覚に立ち，能動的に他の社会人の判断と行動とへ協同す

ることにより，すべての社会人の人格を自律せしむるやう行動」(p.153)することであり，また「社会的に見れば，前と同様に，個人は単に其の固有する能力の十全なる生長を通して，社会的創造へ個性的に参画するに止まらず，能動的に他の社会人の固有する能力の十全なる生長へ協同することにより，すべての社会人をして社会的創造へ個性的に参画せしめるやう行動」(p.153)することであるという。このことはまさしく「教育以外の何物でも無」(p.153)く，デモクラシーの目的は教育ということになる。これらをまとめると，教育は「デモクラシイの前提及び目的」(p.151)となるのである。杏村は，教育を以上のようにとらえ，そこから学校教育批判，さらには当時おこなわれていた社会教育批判を展開し，生涯にわたる新しい教育制度を提言している。[33]そして，彼が農村青年たちと1921（大正10）年から始めた自由大学は，その新しい教育制度の基軸となるはずのものであり，自由大学を全国に普及させていくことによって，新しい教育制度を実現しようと考えた。しかし，実際には杏村は病気のため，自由大学の実務に携わることができなくなり，自由大学も1930（昭和5）年には終焉してしまう。そして，杏村も1934（昭和9）年には43歳という若さでこの世を去ってしまった。

　1920年代に積極的に展開されていた文部省の社会教育事業に対して批判的であった石田新太郎や土田杏村は，民間にあって自分自身で社会教育実践をおこなっていった。そして，それは彼らが考える教育の本質にもとづいて社会教育実践がなされるというものであった。彼らは国家主導ではない社会教育を実践した。石田は国家による教育を否定していないし，杏村も教育理論としては国家による強制教育を排したとはいえ，権力認識が甘く，天皇に改革を期待するところもあった。[34]したがって，彼らの社会教育論が，総力戦体制下の国家による一元的な教化政策に対抗するに十分な内容を有していたということはできないかもしれない。しかし，教育の本質を考え，そこから社会教育論が導き出されていること，さらに国家主導ではなく，民間でボランタリーにその実践がなされたということを考えると，そこに文部官僚が考えた社会教育論とは異なる系譜が認められよう。[35]

6　社会教育論における国家と社会

　本章では，山名次郎，乗杉嘉壽，石田新太郎，土田杏村の社会教育論を検討してきたが，そこに共通していることは，社会教育を通じて市民を形成しようとしたことであった。西欧に遅れて近代化を実現していかなければならなかったわが国では，国家主導で近代化がはかられ，資本主義化されてはいくものの，市民社会の形成は課題として残されていた。その課題に対して，彼らは社会教育による「健全な」市民社会の形成を構想したのである。社会教育論は，近代市民社会の形成と密接な関係をもって展開される。しかし，国家主導で近代化が推し進められていたわが国では，国家が市民社会形成にどのようにかかわるのかということも大きな問題であった。社会教育論でも，そのことが論じられている。山名は，国家とは別のものとしての社会に注目し，私的な結社によって構成される社会の教育力に期待した。しかし，彼にとって社会は国家の目的と同一の目的をもつものであり，そこには対立はなかった。したがって，国家が近代化を主導してきたわが国においては，社会が教育をおこなうにしても，それは国家目的に従属せざるをえない。社会は国家に従属するものなのであった。また，文部官僚であった乗杉は，市民社会の形成に大きな期待をかけたが，その実現のためには指導など積極的な国家関与が必要と考え，社会教育行政の確立・展開に努力した。民間で実際に社会教育運動に携わっていた石田や杏村らは，国家に頼らず，市民を形成しようとしたが，その運動は挫折を余儀なくされてしまう。そのような違いはあるが，これらの社会教育論には，社会と国家が予定調和的にとらえられる傾向があり，対立関係が想定されていない[36]。そこにはわが国の天皇制の問題もかかわってくる[37]。これらの社会教育論に共通する社会と国家の調和的理解は，戦時下で社会教育行政が国家による教化政策に収斂されてしまうという事態を許容することに繋がっていったのである。

　戦前の文部省社会教育局の廃止は，国家がいかに社会教育にかかわるのかという問題の理解，さらには国家と社会の関係の理解が不十分であったために，生じたことであったと考えることも可能なのである。翻って考えるに，今回の

社会教育局から生涯学習局,さらには生涯学習政策局への転換において,その問題はどのように考えられたのであろうか。もちろん,戦後は教育を受ける権利が認められ,社会教育をめぐる状況も戦前とは大きく異なっている。しかし,今回の改編においても,国家と社会の関係が改めて問われなければならないという意識をもつことは重要である。生涯学習への転換は,教育権保障の観点からだけでなく,国家主導から社会主導への転換を観点として,吟味されなければならないのである。

　本章で検討した社会教育論が,教育の本質から社会教育を考え,社会教育を定義しようとしていることは評価されてよい。現在の社会教育法第1条の社会教育規定は,教育の本質論からなされたものではない。教育の視座から学校教育と社会教育の関係があらためて問われなければならないのである。生涯学習という語が使われるなかで,その関係が問われるならば,それは意味のあることであるといってよい。しかし,社会教育という語がなくなることはないであろうし,その語が歴史的に市民社会形成との関係で使われてきたことは,再認識される必要があろう。社会教育論にあっては,国家と社会の関係を問うことが不可避であることを戦前の社会教育論は教えてくれているのである。

注
1）このレポートについては,米山光儀「世界成人教育協会と日本の成人教育リポート」『哲学』(慶應義塾大学・三田哲学会)第100集,1996　参照。
2）'Adult Education in Japan', *WAAE Bulletin XXX*, 1926, p.1.
3）たとえば,石川謙『近世社会教育史の研究』章華社,1934 や大槻宏樹『近世社会教育史論』校倉書房,1993 など。
4）宮原誠一編『社会教育』光文社,1950,p.30.
5）小林澄兄「故石田先生と成人教育」『成人』第2巻第7号,1927,p.47 より引用。
6）横田直次「社会教育の先覚者　山名次郎氏──明治廿五年社会教育論の著者──」『社会教育』第12巻第2号,1957,p.64.
7）*Ibid.*, p.60.
8）戦後の山名研究としては,大蔵隆雄・橋口菊・磯野昌蔵「わが国における社会教育思想の発生とその本質」日本社会教育学会編『社会教育と階層』国土社,1956 をはじめとして,多くのものがあり,最近では倉知典弘「山名次郎『社会教育論』の再検討」

『日本社会教育学会紀要』第37号，2001がある。
9）山名の生年については，慶應義塾入社帳に記載されている1867（慶應3）年という説もある。しかし，慶應義塾が発行している『三田評論』第574号に掲載された山名の訃報には，「元治元年」が生年となっている。ここでは，元治元年説をとった。
10）山名次郎『偉人秘話』実業之日本社，1937, p.1.
11）福澤諭吉「空論止む可らず」『福澤諭吉全集第4巻』岩波書店，1954, p.474.
12）松田武雄「初期社会教育論の再検討」『日本社会教育学会紀要』第36号，2000, p.114.
13）1876年から約半年間，慶應義塾出版社から発行された『家庭叢談』では，家庭教育に学校教育とは異なる役割を求めている。小山静子『子どもたちの近代』吉川弘文館，2002, p.112-116参照。
14）山名次郎「社会教育」『北海道教育会雑誌』第3号，1891, p.21.
15）Ibid., p.22.
16）Ibid., p.21.
17）山名次郎『社会教育論』金港堂，1892, p.74. この節での同書からの引用については，引用後に（ ）内にページを示すこととする。なお，圏点などは原文による。
18）「森先生追憶座談会」（昭和13年11月17日）『南国史叢』第4輯，大久保利謙監修，上沼八郎・犬塚孝明編集『新修　森有礼全集第4巻』文泉堂書店，1999, p.602.
19）福澤諭吉「文明教育論」『福澤諭吉全集第12巻』岩波書店，1960, p.218-221.
20）宮坂広作『近代日本社会教育史の研究』法政大学出版局，1968, p.223.
21）『社会教育と階層』op.cit., p.17-18.
22）乗杉嘉壽「社会教育の意義並施設」『帝国教育』第461号，1920, p.10.
23）乗杉嘉壽『社会教育の研究』同文館，1923, p.173. この節での同書からの引用については，引用後に（ ）内にページを示すこととする。
24）小林嘉宏「大正期社会教育官僚における〈社会〉の発見と〈社会教育〉」本山幸彦教授退官記念論文集編集委員会編『日本教育史論叢』思文閣，1985, p.49.
25）Ibid., p.54.
26）乗杉の論を検討しただけでは，実際に社会教育行政に携わった文部官僚の社会教育論を検討したことにはならない。乗杉の社会教育論と川本宇之介や小尾範治などのそれを詳細に比較検討することも重要な課題であるが，市民社会形成と国家の問題については，基本的な構造は大きく変わらないと考える。したがって，ここでは乗杉の論を取り上げた。
27）石田新太郎『成人教育施設案内』開発社，1925, p.17.
28）国立教育研究所編『日本近代教育百年史』第7巻，第3章第1節「社会教育期の時代的性格と構造的特質」（小川利夫執筆）教育研究振興会，1974, p.763.
29）石田新太郎『天化人育』北文館，1912, p.17-18.

30)『成人教育施設案内』*op.cit.*, p.68.
31) 石田が設立した成人教育協会については，米山光儀「成人教育協会についての覚書」『年報』(慶應義塾大学教職課程センター) 第3号, 1988 参照.
32) 土田杏村『改訂　農村問題の社会学的基礎』第一書房, 1932, p.142. この節での同書からの引用については，引用後に（　）内にページを示すこととする．
33) 土田杏村の構想した教育制度については，米山光儀「土田杏村の生涯教育論構想」『日本生涯教育学会年報』第3号, 1982 参照.
34) 土田杏村「現今教育学の主問題」中の「第4章　昭和の理念と教育」『土田杏村全集第6巻』第一書房, 1936 参照.
35) ここで取り上げた運動以外にも，検討すべき社会教育運動はあると考える．成人教育協会，自由大学に大阪労働学校を加え，それぞれが主張した教育論やそれにもとづく学校教育批判などを，生涯教育史の文脈に位置づけて論じたものとして，米山光儀「生涯教育史研究についての覚書──対象・昭和初期民間成人教育運動を素材として」『年報』(慶應義塾大学教職課程センター) 第4号, 1989 がある．
36) 土田杏村はプロレットカルト論を支持していることから，国家に対して批判的であることは確かである．しかし，杏村の教育論は，他者不在であるという山口和宏の指摘は，最終的には杏村において，国家と社会の間も対立的でないことを示している．山口和宏「土田杏村のユートピア」上杉孝實・大庭宣尊編著『社会教育の近代』松籟社, 1996 参照．
37) 近代市民社会の形成に期待を寄せ，国家による教育支配に批判的であった福澤諭吉も「帝室論」で「帝室は政治社外のものなり」とし，「学術を政治社外に独立せしめてその進歩を促す」ために，帝室に依頼すべきであると主張する（『福澤諭吉全集第5巻』岩波書店, 1959 参照）．天皇制は，きわめて政治的な支配装置でありながら，それが認識されず，あらゆる対立を調和，あるいは超越するものと考えられていた．天皇制の存在が，国家と社会の対立を見えなくし，実際には社会が国家に従属する構造を支えていたということができよう．

第7章　戦後社会教育論の展開

津田　英二

1　敗戦直後の社会教育論

　社会教育法（1949年制定）第3条に，「国及び地方公共団体は，……自ら実際生活に即する文化的教養を高め得るような環境を醸成するように努めなければならない」とある。戦後社会教育論の少なからぬ努力が，ここでいう人々の「実際生活に即する文化的教養」を，社会教育行政がいかに保障していくかという論点をめぐってなされた。

　しかし，人々の生活は今も昔も多様であり，その多様性のどのような側面を問題にするかという選択は，決して容易なことではない。もしも，人々の多様な生活を誤った切り口で問題にしたならば，社会教育行政による環境醸成は，人々の生活から乖離したものになってしまう。結果的に人々の生活にかかわる学習機会が充分に提供されないこともあるし，権力による人々の操作につながることさえありえる。

　多様な，しかも課題が時代とともに変化していく人々の生活の断片を，学習機会と結びつけて有効に描き出すためには，何らかの方法や鋭い感度がなければならないはずである。戦後社会教育論は，はたしてどのような方法や感度をもって，人々の生活のどのような断片を問題としてきたのだろうか。この章では，戦後社会教育論をこのような視角から論じてみる。

　敗戦後，戦争の傷跡は各地に生々しく残った。東京都と大阪府の人口は1940年にそれぞれ735万人，479万人だったのが，敗戦直後の1945年にはそれぞれ349万人，280万人にまで落ち込んでいた。大都市の4～5割の人口が

失われたのである。また，生産力も大きく減り，財政インフレや食糧危機も重なって，人々の生活は相当に苦しかった。そんななかで，人々は生きるために危険を賭してヤミ米を求めさまよった。1946年5月の「食糧メーデー」の写真には，小学生が多く見られるデモ隊が写っており，そのなかに"ボクタチハ，ワタシタチハ，オナカガペコペコデス"というプラカードが見える。敗戦直後を体験していない世代の多くは，このような姿として敗戦直後の時代を観念していよう。

　さて，敗戦直後に登場した社会教育論は，当時文部省社会教育課長として重要な職責にあった寺中作雄の「公民館構想」に代表される。寺中は，『公民館の建設』と題される1946年の著書のなかで，公民館をつくる目的として，次の3項目をあげている。「第一に民主主義を我がものとし，平和主義を身についた習性とする迄われわれ自身を訓練しよう。」「第二に，豊かな教養を身につけ，文化の香高い人格を作る様に努力しよう。」「第三に身についた教養と民主主義的な方法によって，郷土に産業を興し，郷土の政治を立て直し，郷土の生活を豊かにしよう。」

　寺中の掲げる社会教育の理念的な構想と，前述した敗戦直後の即物的な風景との間には大きな隔たりがある。貧困と空腹という実際生活のあり様と社会教育とは，寺中の社会教育論においてどのように結びつけられたのだろうか。寺中はこの隔たりを次のような文によって埋めている。「あくせくと一身の利に趨り，狂ふが如く一椀の食を求めてうごく人々の群。これが天孫の末裔を誇った曾ての日本人の姿であろうか。武力を奪はれ，国富を削られた日本の前途は暗く，家を焼かれ，食に飢える人々の気力は萎え疲れてゐる。これでよいのであろうか。日本は果たしてどうなるのだろうか。抛棄した武力に代へて平和と文化を以て立ち，削られた国土に刻苦経営の鍬を振へば，再建の前途必ずしも遠しとせせぬであろう。最も悲しいことは魂を毀り，精神を損ずる者の辿らんとする運命である。」

　このように，寺中は，人々の生活のなかにある貧困や飢えを直接問題にするのではなく，むしろそのことから帰結している精神的頽廃を問題にした。つま

り，精神的な高さを基準として人々の生活をとらえたということができる。このようなとらえ方をすることで寺中は，人々の即物的な困窮への対応をある程度犠牲にしつつ，その引き替えに未来への希望に満ちた公民館像を構築することができたのかもしれない。寺中は公民館を民主主義社会実現の制度としての多機能施設として構想し，次のように説いた。「われわれの公民館はわれわれの町村に於て民主主義を実践しようとする新しい公民精神の修養場なのである。」「公民館は多方面の機能を持った文化施設である。それは社会教育の機関であり，社交娯楽機関であり，自治振興機関であり，青年養成機関であり，その他其の町村に於て必要と思へば尚色々の機能を持たしめて運営する事が出来るが，要するにそれらの機能の綜合された町村振興の中心機関である。」

2　農村青年の集団学習への視線

　戦後初期の社会教育論は，農村共同体を前提として論じられた。

　敗戦の日から1カ月後に，文部省は『新日本建設の教育方針』を打ち出している。戦前教育から戦後教育への急激な転換についての方針を示したものであるが，11ある項目のひとつに「青少年団体」というものがある。そこには次のように書かれている。"学徒隊の解散に伴ひ青少年の共励組織を欠くに到ったので新に青少年団体を育成することとした"。当時の教育において，学校外での青少年教育の比重が重かったこと，また青少年が団体を通して育成されるとする考えが支配的であったことを物語っていよう。

　公民館もまた，団体との関係で構想された。寺中作雄は次のように述べている。「公民館に集まり，教育を受け，時務を談じ，社交の時を持つ人々は，すべて何らかの形の団体組織に属し，人々は其の団体員として，或は団体組織を通じて，公民館の活動に参加するであらう。……かくの如く団体として集まり，団体間の友情が深まり団体としての結束が固くなり，実践を通じて公民精神を練り，自治精神を養ふ結果となるのである。」

　公民館は当初から，機能分化した社会を前提にした近代的教育施設としてで

はなく，既存の共同体を前提とし，その共同体の教育力を高めるものとして構想されたのである。したがってその構想は，大都市圏よりも農村部により適合的であった。1948年に発行された『公民館月報』第1号には，公民館が「大都市その近県ではあまり普及を見ないのは，教養，娯楽の摂取の場が多く，半都会的気風に流れ」ているからと分析されている。

こういった社会教育論の前提認識は何を意味するのだろうか。

第1に，1950年の国勢調査によると全人口に対する郡部の人口の割合が62.7％であり，相対的に農村社会が優勢であったといいうる。しかし，すでに遡って1921年には，当時社会教育行政の発展に寄与した人々から成る社会教育研究会が発表した「社会教育局設置の急務」という文章には，社会教育行政拡充の根拠として都市における工業労働や住宅難を冒頭に掲げている。人口比は6：4で農村が多かったにしても，社会的矛盾という点では同等あるいは都市に集約的に顕在化していた。それにもかかわらず，この時期の社会教育論が共同体に支えられた農村社会を中心に組み立てられた背景には，人口比だけでは見えない何らかの認識枠組みがあったと考えられる。

第2に，戦前の認識枠組みをそのまま引き継いだという説明である。戦時下においては，兵力を中心とした国力の要として青少年の育成が重視され，そのために全国に青少年団体を組織して，さらに学校教育とも連携して，日常生活環境全体を教養訓練の場にすることが構想された。戦後社会教育論においても，国家建設の要に青年を位置づけながらも，個人主義化した都市社会における青年の生活は問題にしない。共同体に支えられた農村社会における青少年団体のなかで陶冶される青年に，国家建設の期待をかけているという点で，戦前と戦後の認識枠組みは同型である。このような，共同体のなかにある既存の団体の教育的機能を高めることによって一定の教育的価値を追求しようとする認識枠組みのもとでは，人々の生活実態を把捉する方法を洗練しようとする動機が生じない。観念的で均質な生活像を基盤に社会教育論が構成されうるからである。

3 生活の共同性にもとづいた社会教育論

　戦後初期の社会教育論の関心は，人々の生活実態の把握よりも，封建的な関係性が支配的な集団を民主化していくための方法論に向いていた。グループワーク論など，GHQを介してアメリカから紹介された方法論は，1953年頃には共同学習論として定着する。

　しかし，集団を民主化するための方法論は，単なる方法論の枠を超える可能性に開かれていた。それらの方法論に則った実践は，人々の生活実態への関心を呼び起こし，その原因を探るという姿勢を要求していくことになったからである。たとえば，1950年に寺中と並んで戦後社会教育制度の成立に強い影響を与えた鈴木健次郎は，社会教育関係団体の民主化を課題として次のように述べている。「例えば乳呑児に居眠りをしながら乳を与え，ラジオ・新聞さえも満足に読めない婦女子の生活を考えると，まずこれらから解放することが，社会教育団体の当面の課題でなければならないのである。その意味において，われわれの生活を規制する土地の生産機構，社会構造と真向から取っ組んだ社会教育のプログラムが必要である。」[12]

　共同学習論はさらにこの方向性を構造化したものだといえる。共同学習とは，学習者の共同性を基盤とした生活課題解決型の学習であるが，その方法のなかに，日常生活に学習素材を求め，それを合理的思考によってとらえ直すという過程を組み入れた。[13]このように，民主化の方法論が先鋭になるにしたがって，共同性が原理として主張されつつも，人々の生活実態が焦点化され，[14]次第に人々の生活を基盤にした社会教育論が語られるようになっていったのである。

　この方向性を決定づけたのが，青年団中心の社会教育のあり方に学校型の教育を導入することを目的とした青年学級法制化をめぐる一連の論争だったといわれている。青年学級振興法提案理由のなかで政府は，「青年学級は，勤労青年に対し，実際生活に必要な職業または家事に関する知識，技能を修得させるとともに，一般的教養の向上をはかることを目的と」する，と答弁している。[15]それに対して，この法律に反対を表明していた日本青年団協議会は，次のよう

に述べる。「青年の持っている問題をとことんまで掘り下げて行けるような学習活動の展開が必要である。これは単なる教養を身につけたり知識を得るといったようなものでなく、その問題の原因を探求し、それを解決するにはどうしたらよいかの、具体的な方法をまで発見するようなものでなければならない。」[16]

この二者の見解で、生活と社会とに関係する学習のとらえ方における2つの方向性が示されている。前者は、職業や家事に関する学習や一般的教養の修得によって、人々が生活を社会に適応させていく方向性であり、後者は、個々人の生活にある諸問題を学習によって社会の課題と結びつけ、社会的実践につなげていく方向性である。[17]

しかし、共同学習論であっても、生活実態を把握する方法や視点に関しては限界があったといえよう。たとえば三井為友は、共同学習にはメンバー内の相互批判や反対の自由が認められなければならないとするとともに、学習が実践へとつながっていく際に、「集団の一体化」がとくに要請されると述べる。三井は、「成員がすべて同じ『どんぐり』であり、各人は自己の見解が全く相対的なものであって真理は集団の『話し合い』によって、集団自身がうみ出していくものであると考えているさいにのみ、共同学習は成立するのである」と説明している。[18] 共同学習論はこのように、人々の生活の同質性にもとづいた論として展開されたのであり、現実の個々人の生活の多様性を前にすると、同質性にもとづいた学習の浅薄さが明るみに出るものでもあった。

そのうえ、共同学習論においては、人々の生活を把握する方法が自覚的に追究されることはなく、結果的に人々の生活と学習との結びつきをとらえ損なう傾向にあった。

公民館主事をしていた笹島保は次のように告白している。「たとえば、仲間の結婚問題をみんなで助けたり、部落の農道のことをとりあげたり、そういう動きに中心的な役割をしてるメンバーがある。ところが、その人たちが、選挙の時など案外義理人情で動いたりしているし、社会や政治の問題には俗論的な考えしか持たないのを知ってこれが三年にわたる共同学習の成果かと、ボー然たる感じを抱かされたのである。」[19]

このように，学習者の興味に任せた学習課題の設定に疑問を抱いた笹島に対して，宮原誠一は次のような書簡を送っている。笹島がある地区の学習課題を"畜産"だと押さえたが，その課題はどのような手続きで設定されたのか，「それが大切なのだとおもいます。それぞれの地区の青年たちの中にある学習の必要をさぐりあて，みさだめなくてはならないのです」[20]。宮原は，共同学習論の限界を感じながら，生活のなかから学習者の必要課題を発掘することを重視した学習課題設定のあり方を模索しようとしたのである。

4　都市型社会の社会教育論

(1)　都市化＝資本主義の進展という認識から

　都市化ということが社会教育論のイシューとしてまとまって論議されるようになるのは，高度経済成長が著しい1960年代に入ってからである。この時期には，都市人口比率が50％を超え，三大都市圏への人口流入がピークを迎える。また，世帯平均人員を見ると，1955年頃までは，一貫して5人の水準だったのが，1965年には4人に減少した。また，核家族率も1965年で68.2％に上り，一生の間に1人の女性が産む子どもの数も，1949年に4.32人だったのが，その後急速に減少し，1960年に2.00人となった。

　1955年に発足した日本社会教育学会も，1969年に初めて都市化を主題とした年報を発刊した。その巻頭論文で小川利夫は，都市化と社会教育との関連を次のように押さえている。まず，都市と農村との区別を資本主義の浸透を基準としてとらえ，また日本の社会教育もまた日本の資本主義の生成・発展にともなう歴史的所産であると述べる。したがって，都市化と社会教育との関連を述べることは，社会教育の資本主義的性格の特殊性を本質的・科学的に理解することであると説明する。そのうえで，国家との関連で「国民の自己教育運動」の日本的特質をとらえるところに，その理解のための方法と対象があると述べる[21]。

　資本主義国家の枠組みにおいて社会教育をとらえていこうとする試みは，

1960年代以降の社会教育論の特色の1つとなり，その枠組みのなかで人々の生活を把握し分析しようとする努力が活性化した。
　なかでも小川が1964年に示した，「国民の自己教育」運動（国民諸階級の自由で自主的な教育・文化運動）と社会教育活動（公権力作用としての社会教育行（財）政をともなう諸活動）との外在的・内在的矛盾という図式による社会教育の性格規定は，その後の多くの社会教育論に影響を与えた。[22] 国民対国家権力という図式でとらえる社会教育論では，国家権力と対峙する社会的実践の主体形成が，ひとつの焦点となる。[23]
　小川利夫は1970年に，大衆的な生活現実状況に埋没している人々を，単なる教育の対象ではなく，その生活現実を構造的に規定している内容にもとづいて指導・組織化していくことを通して，体制による教育の意志とは異なる，もう1つの教育の意志を形成していくという理念を述べた。[24]
　こうした認識は，必然的に人々の生活や意識，それを規定している構造の把握を中心的な課題として要求する。前述の年報で藤岡貞彦は，大衆運動での人々の学習の確かさに比べて，社会教育論のリアリティのなさを指摘している。「いったい社会変動とは何なのか。それは，日本の大衆にいかなる問題を発見させたのか。社会の『変動』はどこからきてどこへ行くのか。『認識』の主体はどう日々をすごしているのか。計画の主体は誰であるべきなのか。」[25] そして，この問題提起のうえに，藤岡は「即時的な民衆意識に問題をするどく提起し，『未発の契機』に科学の水路を切りひらく」社会教育実践の分析を試みることになる。[26]
　藤岡のいう"民衆意識"や人々の生活構造を把握し，それに対して働きかけようとする社会教育実践の構想においては，社会教育職員の役割が注目され重視される。島田修一は，社会教育職員が携わる「社会教育労働」を「人々の学習意欲を組織し，教育・学習活動をとおして自己の成長・発達可能性に確信をいだかせ，自ら自覚的な自己形成主体になろうとする意思を組織する教育的いとなみとして」考え，そのうえで，教育労働者に求められているものは，「住民自身が自らの手で『自覚的な政治主体』になろうとするいとなみ，言い換え

れば『自分自身の教育の主人公』をめざす実践を組織することである」と述べた。[27]

このように，国民対国家権力という図式では，人々の生活のなかにある社会的実践主体となる契機にもとづいて，社会教育職員が介在しながら教育・組織化するというところに，社会教育の本質的な機能が見いだされた。また，社会教育行政には人々がこういった教育を受ける権利を保障する責務があると見なされた。こうした見方がなされた背景には，藤岡の問題意識に端的に表れているように，大衆運動（労働運動や住民運動など）の活発な動きがあった。大衆運動と国家権力との接点として位置する社会教育行政に固有の緊張が，この時期に形成され一定の成果を得た社会教育論の焦点だったといえる。

(2) 生活の多様性・社会の成熟という認識から

都市化をめぐる社会教育論には，もうひとつの言説のかたまりがある。

たとえば，「都市化と社会教育」を特集した雑誌『社会教育』(1967年)の巻頭言で，兵庫県教育長の一谷定之丞は，都市をその快適性とともに住民の連帯意識の弱さを特徴として把握したうえで，「空間的には，家庭，学校，社会が手をつなぎ，時間的には一生を貫く教育の場が用意されてこそ，都市化に対応する社会教育となる」と述べている。[28]

また，1971年の社会教育審議会答申「急激な社会構造の変化に対処する社会教育のあり方について」でも，次のように述べられている。まず，社会教育を生涯教育の観点から再構成し，「社会構造の変化により個人の生活や意識などが多様化し，人生の各年齢階層別の生活課題が変化しているから，これに対応して社会教育の内容を構想する必要がある」。また，「一般的な学歴水準の向上や社会構造の複雑化に伴い，さらに高度化，多様化されなければならない」。

こうした社会教育論は，都市化の特徴を共同性の喪失とともに，人々の生活や関心の多様化としてとらえており，それに対応する生涯教育の視点を導入した社会教育政策の必要性を説くという構図になっている。この構図のもとでは，人々の生活や関心に対応した学習機会の提供が要求されることになり，したがって人々の生活の多様性や関心の分布を把握する必要が生じる。この必要性が，

学習要求調査という形であらわれる。

1973年に出版された古野有隣・辻功編著『日本人の学習』は、1967年から始めたNHK放送世論調査所による「日本の教育」に関する世論調査（全国的規模で成人の学習要求をとらえた最初の試みといわれている）を主とした統計を用いて、学習者像の輪郭を明らかにしようと試みている。その際、学習要求の列挙・分類、学習要求と学習者の属性（性別、年齢、居住地、職業、学歴）との関連、余暇行動と人々の属性との関連、学習の場所などが、学習者像の指標として分析された[29]。

また、1977年には山本恒夫は、従来の社会教育論が社会教育の目的を明らかにすることで概念規定をする「目的論」が主流であり、その特徴としてたとえば教育活動と政治活動との実践場面での区別がつかなくなることなどを指摘したうえで、社会教育の「科学論」をめざしてその方法論を示すことを試みた。山本は、「科学論」であるためには反証可能な仮説の体系をつくることが必要であるとし、次のようなモデルを提示する。社会教育を、「生活意識」や「生活様式」の「変容」をめざす働きかけとしてとらえ、その「変容」は社会教育的な「働きかけ」や「その他の影響力」と「学習者の諸属性」との関数であると説明する。その際、「変容」が検証されるために数値化される「生活意識」「生活様式」として、収入、財貨、情報、サービス、新しい世代、生活手段、生活技術、信念、感情的態度、価値指向などが体系的にあげられる[30]。

このように、都市化にともなう生活や関心の多様化に対応しようとする社会教育論の枠組みにおいて、生活は要素に分解され検証される対象となる。それによって、生活や関心の多様性に客観的普遍的な枠組みを付与し、社会教育政策に根拠を与えようとする試みであった[31]。

また、都市化の進展は、社会の成熟としても語られるようになっていく。1986年に発刊された松下圭一の『社会教育の終焉』という著書は、社会教育論に大きな衝撃を与えた。松下は、日本の社会教育を「官治性」「無謬性」「包括性」という言葉で総括し、豊かな「市民文化活動」が育っている現在においては、すでにそのような社会教育の歴史的役割は終わったと述べた[32]。

この問題提起をめぐって，社会教育論者からは松下の社会教育概念の虚構性が指摘された。しかし，松下の問題提起には，1970年代までの社会教育論が前提とした国民対国家権力という枠組みの変更を迫るという側面があった。松下のいう「市民文化活動」は，国家による意志決定に参与し，国家権力と相互補完関係にある，自立した個人を前提としている。こうした「市民」概念が定着していく動向のなかで，自立した個人による自由で多様な学習活動を，どのように社会教育論が把捉していくのかという課題が提起されたのである。

5 市民社会における社会教育論

たしかに現在，市民社会が実現しつつある過程にあると認識されている。1990年代に入るとボランティアが注目され，NPOやNGOも社会的に認知されるようになってきた。国家権力を背景とした社会サービスに代わり，自立した「市民」が，自ら社会的課題を発見しその解決をはかるという理念も，あながち幻想ではなくなってきた。

しかし，「市民」という概念によって，すべての人々を一括りにすることはできない。市民社会は自立した個人によって構成されると観念されるが，環境，年齢，性別，障害，貧困等によって自立的であることを奪われている人々がいる。自立的であることを奪われている人々にとって，自立的であることを奪い返していくことが課題であるとともに，自立という概念そのものが批判的検証の対象になる。

社会教育論においても，同様の問題意識がみられる。ここまで概観してきたように，戦後社会教育論は，民主的平和的国家の形成者としての国民の育成を理念としてスタートし，この理念を全うする運動を裏づける理論として社会教育を国民の権利としてとらえる見方へと発展していった。しかし，1980年代後半以降の社会教育論において，現代にも依然として根強く残る差別や抑圧を問題とする視角から，こうしたとらえ方を乗り越えようとする動きが強まってきた。国民あるいは市民の間にある差別や抑圧などの矛盾に取り組むことを社

会教育論の中核に据えようとする動きが、近年の社会教育論を特徴づけているといえよう。

たとえば鈴木敏正は、「危機の時代」である現代における自己疎外を克服して主体形成に至る過程の分析として、社会教育論を体系化しようと試みた。鈴木によると、この過程は「無意識→意識（知覚→感覚）→悟性→自己意識→理性→主体」という展開を辿る[35]。すなわち、まず自分が貧困状態にあることに気づき、その気づきにもとづいて社会認識を知識として獲得し、自分の体験する貧困状態と知識として獲得された社会認識とを重ね合わせてとらえることで、貧困状態の根元に対して働きかける行動する主体として形成されると考える。鈴木は、まさに自立的であることを奪われている人々（鈴木によると現代人一般）が、自立的であることを奪い返していく過程を問題にしたのである。

また山田正行らは、鈴木の社会教育論が客観的であるという見せかけによって学習に特定の意味を付与することで、学習者にとっての学習の意味を剥奪してしまっている点などを批判した。そのうえで、山田らは、他者との相互主体的関係における学習者の主体的選択・実践の運動として、人々の学習活動をとらえようとする[36]。山田らもまた、鈴木と同様に自立的であることを奪い返す学習活動に焦点があるのだが、その契機として鈴木が社会認識を重視したのに対して、山田らはコミュニケーションを重視した。山田らによると、自立的であることを奪われた人々の学習活動に焦点を当てたとき、学習の場でおこなわれているコミュニケーションが問題にされなければならない。学習者や教育者の意図とは別に、コミュニケーションそのものに、教育者や学習者の位置を決定し、他者を操作する力があるからである。学習の場におけるコミュニケーションを分析することで、こういったコミュニケーションに内在する権力の問題を克服することが、学習過程をとらえる際に重要な課題となる。

学習の意味は学習の場において生起するという見方は、今後の社会教育論に重要なパースペクティヴとなろう。この見方のもとでは、生活と学習との関連も外側から枠づけられるものではない。問題となる生活の断片を、学習者自身が意識化し意味づけることに重点がおかれるからである。社会教育論は、学習

者自身が意識化し意味づけるという行為を,どのように支援できるかという論点に充分に答えられるようになっていかなければならない。

さて,戦後直後に寺中作雄が「町村振興の中心機関」と位置づけた公民館は,中央集権的な統制や,行政サービスの分化による相対的な地位の低下,さらに近年では社会教育費の大幅な削減などを経て,現在では大きく衰微しているといえる。他方で,学校教育が過剰な社会的期待を背負っていることが批判され,その教育機能の一部を社会教育が分担すべきだとされるようにもなってきた。同時に,かつては行政に期待されていた社会教育が果たすべき機能を,営利・非営利の民間組織が果たすようにもなってきた。

このような状況のなかで,社会教育論のターゲットも徐々に変化してきている。かつては社会教育行政によるサービスに特化した議論を展開してきたのが,他の行政サービスを視野に含め,さらにはNPO等における学習活動にまでターゲットを広げてきている。それだけに現在,社会教育論はかつてよりも輪郭が曖昧になってきているようにみえる。現在,人々の間にある矛盾への解決に取り組む学習過程の分析を軸にした,さまざまな学習の場が共有できる学習論の構築,社会教育行政も含めた社会教育関連サービスを提供する組織の役割や組織間の連携といった総合的な社会教育システム論の構築といった課題が,社会教育論に課されているのだといえる。人々の生活や関心の多様性に対応したシステム論構築の方向に向かっているといえよう。

注

1) データは正村公宏『図説戦後史』筑摩書房,1988,p.42-82 による。
2) 寺中作雄『公民館の建設』公民館協会,1946.［国土社刊 1995 年復刻版,p.181-187］
3) この点,笹川孝一らは,戦前から引き継がれた「『公民』観に固執し,『生活』の民衆的把握を拒絶する」ものとして寺中の言説を説明している。寺中の場合,生活に即した社会教育の展開という視点そのものが欠落していたととらえることもできよう。(大串隆吉・笹川孝一「戦後民主主義と社会教育」碓井正久編『日本社会教育発達史』亜紀書房,1980,p.252-294)
4) 寺中作雄, op.cit.［復刻版,p.197］
5) 社会教育連合会『公民館月報』第 1 号,1948 年 6 月。なお本章で,初期公民館の資

料の多くは，横山宏・小林文人編著『公民館史資料集成』エイデル研究所，1986に依拠している。
6）この認識枠組みは，碓井正久が，日本の社会教育を「官府的民衆教化」「農村・農民教化中心」「団体中心・非施設性」「青年教育への偏倚」として特徴づけた実態把握に対応している。碓井正久編『社会教育』東京大学出版会，1971, p.4-11.
7）社会教育研究会「社会教育局設置の急務」『社会と教化』1922年10月, p.2-3.
8）たとえば，1945年から増加した刑法犯で検挙された青少年は1951年にピークに達し13万人を超えた。彼らの非行は，窃盗，万引き，スリ，強盗などであり，生きるための行為であったといわれる（赤羽忠之『非行と教育を考える』北樹出版，1984, p.20-30）。同じ青少年でも，このことを具体的に課題化する初期社会教育論を探すのは困難である。
9）文部省訓令『大日本青少年団に関する件』1941.
10）青年の対極に女性が位置づけられたことも注意が必要だろう。つまり，「婦人の動員は公民館の仕事のうちで極めて重要であるが，同時にもっとも困難である。……既婚者で作っている婦人会は動員率が甚だ悪い。そして，この何を催しても出かけて来ない母親や祖母の階層が農民の民主主義運動の上に大きな障害をなしていることを認めなくてはならない。……この層の動員に成功したなら，村の啓蒙運動は成功したものと言える。」（戸塚廉「公民館の組織と運営」『文化革命』1947年9月）また，それゆえに女性は封建遺制打破の封建的関係性内部からの変革者としても位置づけられる。「『人間改造』と『社会改造』とが社会教育の大眼目とすれば，内部よりする『社会改造』の最大の有力者は婦人にして外部よりするそれは青年それ自身と断言しうる。いったい『婦人教育』の目標とするところは『封建的残滓と家族制度的陋習の打破』であり，見方によっては後者が根強く存在するがゆえに前者が必要となり強調されるという相関関係が両者の間にあると考えられる。したがって後者の減少とともに前者もその存在理由を薄弱にしていく。」（高橋佐太一「婦人教育の性格」日本社会教育学会編『日本の社会教育第1集』1955, p.139）
11）既存の体制に依存した社会教育論や，それにもとづいた政策について，次のような批判もなされた。「すぐ気のつくことは，東京，大阪のごとき大都会では，公民館はきわめて少いのに，農村・山村地方では圧倒的な多数を占めていることである。……封建制の強い地方では，公民館は網の目のように発達している。このことは何を物語るか。第一に，公民館は農村を支配するイデオロギー機関であること……。」（芝田進午「イデオロギー支配の機関としての公民館」『理論』1954年8月号）民主主義が共有された価値であったにしろ，公民館が封建的な構造に依存して形成されたという点で，それが農村に住むひとりひとりの生活との関連を原理的基盤としてもたないイデオロギー機関として構想されたという点は，ここで述べたことと一致する。
12）鈴木健次郎「社会教育関係団体の課題」『社会教育』1950年2月, p.11.
13）日本青年団協議会『共同学習の手引き』1954, p.2-13.

14) 共同学習論のオピニオンリーダー的存在であった吉田昇は，人々の生活実態を封建遺制と近代化が混在する日本に特有な状態と分析した（吉田昇「共同学習のゆきづまりをどう打開するか」『月刊社会教育』13号，1958年12月，p.66-74）。
15)「青年学級振興法提案理由」衆議院文部委員会，1953.
16) 日本青年団協議会「青年団主体性確立三カ年計画の解説」1954.
17) このような対立が生じた背景として，サンフランシスコ講和条約等を契機とした日本の政策の転換（保守化）に求めることが多い。
18) 三井為友「共同学習の基礎理論」『月刊社会教育』1958年12月，p.15.
19) 笹島保「学習論として指導性の位置づけが不明確」『月刊社会教育』1958年12月，p.75.
20) 宮原誠一「どんなことならやれそうかをみさだめること」1954.（『宮原誠一教育論集第2巻』国土社，1977，p.238-243に所収）宮原によれば，人々にとって何が必要な学習であるかは，本人の立場と基準にもとづいているが，人々の基本的な諸関心・諸要求は歪められ，したがって学習意欲も歪められているのだから，人々の学習の必要を探るということは，労働や生活について話しあい，基本的な諸関心・諸要求を把捉することで，その学習意欲を探りそれを読みかえることであった（宮原誠一編『青年の学習』国土社，1960，p.59）。この方法論に則って宮原は群馬県島村でアクション・リサーチを試みることになった。
21) 小川利夫「都市化と社会教育の再検討」福尾武彦編『都市化と社会教育』東洋館出版社，1969，p.5-6.
22) 小川利夫「社会教育の組織と体制」小川利夫・倉内史郎編『社会教育講義』明治図書，1964年，p.80-83．なお，この対立図式の基本的枠組みは，すでに1950年に宮原誠一によって，社会教育は民衆の下からの要求と，それに対する支配階級の上からの対応策とが合流したものとする説明によって示されている（宮原誠一「社会教育の本質」宮原誠一編『社会教育』光文社，1950，p.43-44）。
23) この対立図式の背景には，前述の青年学級振興法制定の他に，1959年の社会教育法改正（社会教育関係団体補助金の合法化，社会教育主事の市町村必置など）に際して，「民衆の下からの要求」を組織化しようとする勢力と社会教育政策とが衝突したことなどがある。たとえば補助金の問題で宮原誠一は，「わずかばかりの金の作用で，どれほど多くの婦人団体や青年団体が役所の下請的な行事を『自主的』という看板でくりかえし，そうすることによって幹部だけの団体になり，形式化し，魂をうしなってきたことだろうか。……補助金とだきあわせにどのような呼吸で不当な統制的支配と干渉が加えられるものかは，たとえ録音に取ってはなくても，関係者はみなよく体認している。」（宮原誠一「改正社会教育法と予算案」『朝日新聞』1960年2月21日）また，教育界全体では，教育委員任命制度，教科書検定制度，教員の勤務評定，全国一斉学力テストなどをめぐって，1955年前後から断続的に同様の対立が続いた。

24) 小川利夫「社会教育をどうとらえるか」『月刊社会教育』1970年12月, p.70-73.
25) 藤岡貞彦「社会教育内容編成の基本的視点」福尾武彦編『都市化と社会教育』東洋館出版社, 1969, p.144-145.
26) 藤岡貞彦「社会教育実践と民衆意識」『月刊社会教育』1969年3月, p.15.
27) 島田修一「社会教育労働論」『社会教育』(講座日本の教育9) 新日本出版社, 1975, p.210.
28) 一谷定之㷲「都市化と社会教育」『社会教育』1967年2月, p.7.
29) 古野有隣・辻功編著『日本人の学習』第一法規出版, 1973, p.16-75.
30) 山本恒夫・辻功編著『現代社会教育概論』第一法規出版, 1977, p.25-42.
31) 人々の生活や関心を客観的・普遍的にとらえようとする社会教育論は, 社会教育・生涯学習政策の指向性と一致しており, 今日に至るまで援用され続けている。しかし, 生活を要素に分解する際の基準が調査者の認識枠組みの影響をすでに受けている可能性や, 意識化されていない学習要求を把捉することが不可能であることなどの限界は, その都度確認されるべきであろう。
32) 松下圭一『社会教育の終焉』筑摩書房, 1986, p.3-13.
33) 小川利夫編『生涯学習と公民館』亜紀書房, 1987, p.88-120, 宮坂広作『現代日本の社会教育』明石書店, 1987, p.79-132 など。
34) 日本社会教育学会編『現代的人権と社会教育』東洋館出版社, 1990 が, この動きを代表する試みである。
35) 鈴木敏正『自己教育の論理』筑波書房, 1992, p.89-109.
36) 社会教育基礎理論研究会『社会教育実践の現在(2)』(叢書生涯学習Ⅳ) 雄松堂, 1992, p.123-133.

第8章　生涯学習社会の社会教育

鈴木　眞理

1　政策理念としての生涯学習支援の登場

　文部省に社会教育課が設置されたのは，1924（大正13）年であり，それまで1919（大正8）年から普通学務局第四課として担当していた事項（1921年からそれまでの官制用語としての「通俗教育」は「社会教育」という名称に改められた）を社会教育課が担当することとなった。その後，1929（昭和4）年社会教育局が設置され，1942（昭和17）年教化局への再編等戦時中の一時期社会教育局は存在しなかったが，1945（昭和20）年に復活して以降社会教育局が存続してきた。しかし，1988（昭和63）年7月，社会教育局は改組され，新設された官制上の筆頭局である生涯学習局へと再編されるに至った。生涯学習局生涯学習振興課によれば，生涯学習が重視されるようになった背景には，「学校中心の考えからの脱却と学歴社会の弊害の是正の要請」，「人々が多様な学習活動を求め，また，これを可能とする社会的・経済的条件が整ってきたこと」，「急速な科学技術の進歩や，国際化，情報化，経済のソフト化などの社会経済の高度化自体が新たな学習需要を生起させていること」があり，「このような社会・経済の変化に対応するとともに，生涯における多様な学習課題に対処するため」に機構改革がおこなわれたのであるという[1]。

　ところで，わが国の教育行政における生涯教育・生涯学習への注目は，現在の状況との関連でいえば昭和40年代にさかのぼって考えることが適当である。その状況は，諸審議会の答申類を追うことによって把握できる。

　1971（昭和46）年の社会教育審議会答申「急激な社会構造の変化に対処する

社会教育のあり方について」では、「まえがき」で「生涯教育において社会教育が今後果たすべき役割の重要性にかんがみ、社会教育行政の施策の充実展開を図るべきこと」が示され、「生涯教育と社会教育」という項を設け「今後の社会教育は、国民の生活のあらゆる機会と場所において行なわれる各種の学習を教育的に高める活動を総称するものとして、広くとらえるべきである」としている。加えて「社会教育は、単に変化に順応するだけでなく、さらに人間性を積極的に育て、社会における先導的役割を果たすべきである」とも述べている。また、「生涯の各時期における社会教育の課題」が示されていることも注目に値する。さらに、同答申の解説をおこなっている、社会教育局長通知においては、「社会教育行政の展開にあたっては、ひとびとの自発的な学習意欲を尊重し、地域の実情と特性に応ずることに特に留意すべきであること。この意味において市町村が社会教育行政の第一次的役割を分担すべきものであり、都道府県はこれに対して補完的役割を果たすべきものであることを理解する必要があること」と述べられている。[2]

　1981（昭和56）年の中央教育審議会答申「生涯教育について」では、「人々は、自己の充実・啓発や生活の向上のため、適切かつ豊かな学習の機会を求めている。これらの学習は、各人が自発的意思に基づいて行うことを基本とするものであり、必要に応じ、自己に適した手段・方法は、これを自ら選んで、生涯を通じて行うものである。この意味では、これを、生涯学習と呼ぶのがふさわしい」とし、「この生涯学習のために、自ら学習する意欲と能力を養い、社会の様々な教育機能を相互の関連性を考慮しつつ総合的に整備・充実しようとするのが生涯教育の考え方である。」としている。さらに、「成人するまでの教育」「成人期の教育」「高齢期の教育」に分けて、家庭教育・学校教育・社会教育を基本にした施策のあり方が示されている。

　臨時教育審議会答申においては、第1次答申（1985〈昭和60〉年6月）で、生涯学習体系への移行という方向づけがなされた後、第2次答申（1986〈昭和61〉年4月）においてその具体的なポイントが、「生涯にわたる学習機会の整備」「生涯学習のための家庭・学校・社会の連携」の各論点から示され、さらに

「社会の教育の活性化」という観点から「自発的な学習活動の促進」「生涯職業能力の開発の総合的推進」について述べられている。さらに第3次答申(1987〈昭和62〉年4月)では,「生涯学習の基盤整備」について,「生涯学習を進めるまちづくり」「教育・研究・文化・スポーツ施設のインテリジェント化」という論点が示され,「塾などの民間教育産業への対応」の必要性も示された。

　この臨時教育審議会は,そのまとめの第4次答申を1987(昭和62)年8月に提出するが,翌88(昭和63)年7月,生涯学習局の設置となる。その後中央教育審議会答申「生涯学習の基盤整備について」が1990(平成2)年1月に出され,同年7月1日施行の「生涯学習の振興のための施策の推進体制等の整備に関する法律」(生涯学習振興法)につながる。「生涯学習の基盤整備について」では,「社会教育は,これまでも地域の諸課題に応じて大きな役割を果たしてきており,その重要性は一層高まっている。今後は特に,青少年の学校外活動・地域活動,女性の社会参加の増大に伴い必要となる学習活動,さらには高齢者の充実した生活設計をささえる学習活動を促進することが重要である」としている。この答申は,生涯学習推進の体制の整備,その核としての生涯学習(推進)センターの設置,民間教育事業の支援のあり方等についてその後の方向づけをした文書と位置づけられよう。

2　生涯学習支援施策と社会教育

　1988(昭和63)年新設された生涯学習局は,生涯学習振興課,社会教育課,学習情報課,婦人教育課,青少年教育課,の5課から構成された。社会教育局当時に比べて生涯学習振興課が加わり,その事務は,「学校教育,社会教育及び文化の振興に関し,生涯学習に資するための施策を企画し,及び調整すること」をはじめ,生涯学習振興法の施行,放送大学関係,専修学校・各種学校関係,社会通信教育,大学入学資格検定等であることが文部省組織令において規定された。

　生涯学習振興法は,1990(平成2)年6月29日公布,7月1日施行であるが,

国会上程から成立までは2カ月足らずであった[3]。この法律の主要な内容は，生涯学習振興についての都道府県の体制整備とそれにともなう国の基準制定・承認，生涯学習審議会の設置（文部省，都道府県）であるが，政策主体としての都道府県の役割の強調，生涯学習施策への通産省の関与，民間事業者の能力の活用というような点が注目されるものである[4]。

民間事業者の活用に関しては，生涯学習振興課内に民間教育事業室が設置され，連絡調整がおこなわれるようになるが，その際，旧来の行政が関与する社会教育の範疇を拡張する必要に迫られ，社会教育法第2条の「社会教育」の解釈を民間事業者を排除していないという理解で，解釈の変更ではなく解釈の確認をおこなうという説明がなされた[5]。営利目的の学習機会提供事業をも含んで社会教育の範疇を考えるという「新社会教育観」は，すでに概論的テキストでは，「多様な学習機会」という章が「民間教育文化産業の展開」から始まり「教育委員会の学級・講座など」で終わるように構成されているなど，関係者の間では自明のものとされていたといえるもので，行政の後追いという事実を示すものでもあった[6]。

広島県教育委員会委員長から文部省生涯学習局長にあてた，公民館の利用についての「社会教育法における民間社会教育事業者に関する解釈について」の照会をめぐる行政実例に関する動きは[7]，行政が関与する社会教育の範疇について考え方の定着をはかるものであったといえる。なお，この点に関しては「民主的」を標榜する立場からの，強い批判が存在した[8]。

生涯学習審議会は，「今後の社会の動向に対応した生涯学習の振興方策について」を1992（平成4）年に提出した後，1998（平成10）年に「社会の変化に対応した今後の社会教育行政の在り方について」を出す。その基調が，地方分権・規制緩和にあったのは，当時の行政の動きのなかできわめて当然のことであった。1994（平成6）年の閣議決定「地方分権の推進に関する大綱方針」以降の1996（平成8）年地方分権推進委員会第1次勧告から1997（平成9）年の第4次勧告に至る流れのなかで，この生涯学習審議会答申は，「制度発足以来，50年近くを迎えようとしている今日，社会の変化に伴う行政ニーズの多様化，複雑

化や生涯学習社会の進展等の新たな状況に対応した社会教育の推進が求められている」(諮問文)という認識のもと、「社会教育関連法令の見直しを含め、地方公共団体の自主性を一層生かした今後の社会教育行政の在り方について検討する必要がある。また、これに関連し、社会の変化に対応した社会教育の推進のための具体的方策について検討する必要がある」(諮問文)という要請に応えるものであるとされる。

　ここで、「生涯学習社会」については、1991（平成3）年の中央教育審議会答申「新しい時代に対応する教育の諸制度の改革について」や1992（平成4）年の生涯学習審議会答申「今後の社会の動向に対応した生涯学習の振興方策について」において、「生涯のいつでも、自由に学習機会を選択して学ぶことができ、その成果が社会において適切に評価されるような」社会であることが示されている。

　その生涯学習社会に向けての社会教育行政のあり方の検討は、①地域住民の多様化・高度化する学習ニーズへの対応、②生涯学習社会の構築に向けた社会教育行政、③地域社会および家庭の変化への対応、④地方分権・規制緩和の推進、⑤民間の諸活動の活発化への対応、という新たな状況への対応として、①地方分権と住民参加の推進、②地域の特性に応じた社会教育行政の展開、③生涯学習社会におけるネットワーク型行政の推進、④学習支援サービスの多様化、という方向への展開が提案された。個別の論点については、精粗入り乱れているという印象が強いが、関係者の間で考えられていた懸案の事項を網羅的に包摂したということであろう。規制緩和・地方分権、民間事業者への注目・民間非営利団体への注目等、この間の動きの集大成と考えられる。[9]

　この答申を受けて、社会教育法等の改正がおこなわれる。それは、「地方分権の推進を図るための関係法律の整備等に関する法律」(地方分権推進一括法)による改正という形で、他の法律と同時に改正されたものである（1999年7月公布・2000年4月施行）。その要点は、青年学級振興法の廃止、公民館運営審議会の任意設置化、公民館運営審議会委員選出区分の大綱化、公民館長選任の際の公民館運営審議会への意見の事前聴取義務規定廃止、社会教育委員構成規定の

変更，図書館協議会・博物館協議会委員の構成規定の変更，国庫補助を受ける図書館長の司書資格要件等の廃止，等であった。なお，これに先行して1998（平成10）年には文部省令の改正で，公民館長・主事の専任要件規定の廃止，公立博物館の学芸員定員規定の廃止等がおこなわれている。

　以上のような施策の展開を整理すれば，この間の行政が展開する社会教育施策は，その制度の原理的な側面では，民間事業者への注目，規制緩和と地方分権，ボランティア活動への注目・民間非営利団体との連携，またその内容に関する側面としては，従来からの情報提供サービスシステムの形成，地域づくりへの社会教育活動の貢献（生涯学習まちづくり），子育て支援等に関心が絞られ[10]ていたと考えることができよう。

3　学校教育を軸にした生涯学習支援施策

　生涯学習局は社会教育局の改組・再編によって設置されたが，その構成からもわかる通り，従来の社会教育局に生涯学習振興課を加えた組織形態をとっており，生涯学習振興課の事務が「生涯学習」の要素をもつと解釈することが普通であろう。つまり，社会教育局＋生涯学習振興課＝生涯学習局なのである。そのように考えれば，専修学校・各種学校，放送大学，大学入学資格検定，民間教育事業等という事項が「生涯学習」的要素を示すものとなる。これらは，「学校」の系に連なるものであり，生涯学習施策は，主に，学校教育に関心があるのだということも可能であろう。

　もともと，生涯学習体系への移行という臨時教育審議会のキャッチフレーズは，学歴社会を是正するために，学歴社会に対置されるべき生涯学習社会を構築する際に必要な施策展開のために用意されたものであった，といえよう。生涯学習局が官制上の筆頭局に位置づけられたとしても，生涯学習局長ポストは必ずしも最上位の局長ポストとは考えられていないことは，人事異動を検討してみても自明のことである。筆頭局という位置づけは，文部省の姿勢を示すものであって，生涯学習という理念，さらには，社会教育を重視しようとする内

実をともなうものではなかったと考えることが妥当であろう。

　生涯学習社会の構築という掛け声はあっても，また，1989（平成元）年から始まる「生涯学習フェスティバル」が各県持ち回りで毎年開催され，啓発的あるいは関心を高める施策が展開されても，教育行政のなかで生涯学習支援・振興の一端を担うはずの社会教育行政は重視されることはなかったと考えることができる。これまで同様，教育行政の周辺的な領域として存在してきたと考えることが妥当であるといえよう。

　ところで，大学入学資格検定は，学校教育中心の生涯学習施策として象徴的である。もともと経済的事情等によって高校進学を断念しなければいけなかった青年に対して，大学の門戸を開放した制度であったものが，高等学校でさまざまな問題が発生し，不登校等の事例が増加したことへの対処策としての意味をもつようになってきている。大学へのバイパスコースとしての意味をもつようにもなり，受験場の外では，受験生を激励し，入学を勧誘するグッズを配る大学も現れている。これは学校教育上の問題を，生涯学習の名のもとで解決しようとしている施策であるとも考えられる。大衆化した高等学校のもつ問題を高等学校内部で，また本質的な部分で解決するのではなく，大学入学資格の取得という形で解決しようとするものであると批判することも可能であろう。学校教育の系のなかでの問題処理であり，それも，大学の入学資格という，大学教育そのものの問題にはふれないところでの処理であって，むしろ，批判されるべき学歴社会化を促進するような施策であるともいえる。[11]

　2002（平成14）年度からの完全学校週5日制の導入や，総合的な学習の時間の導入についても生涯学習施策のなかでの社会教育の位置と役割を垣間見ることができる。社会教育は，学校教育の補完としての役割が期待されているのである。学校週5日制の「受け皿」として，地域の諸機関・諸団体の役割が注目され，さまざまな活動が紹介される。あるいは，学社連携・学社融合という概念が用いられ，学校教育と社会教育あるいは地域社会との連携の必要性が説かれる。そこには，旧来の政治領域や教育領域における「保守」も「革新」もなく，子育て支援のためには，地域をあげて協力をしていくことが望ましいこと

第8章　生涯学習社会の社会教育　145

が強調される。[12]

　ところで，学校教員の養成課程で生涯学習あるいは社会教育に関してはどのように取り扱われているであろうか。教職免許の取得に必要な大学における単位の取得については，この間いわば大綱化の方向での改革が進められてきているが，総じていえば，生涯学習・社会教育に関する基礎的な理解を身につける機会は，限られているといえる。教職課程においてたとえばPTAや生涯学習，あるいは社会教育についての単位を取得している学生は，少数であると考えられる。教員として活動して「総合的な学習の時間」に際して博物館を利用するにしても，博物館についての基礎的な知識は存在しないことにもなる。PTAの活動も，いわばかかわりたくない仕事として位置づくことにもなる。派遣社会教育主事として社会教育領域にかかわってはじめて社会教育の意味を感じ取る教員も多く存在する。この間の生涯学習施策といわれるものが，社会教育についてはむしろ軽視しているという傾向をもつものであることは，学校教育にとっても不幸なことであると考えることができよう。

4　社会教育関係者の期待感・危機感・便乗姿勢

　行政・実践の現場の社会教育関係者，大学等に籍をおく研究者は，この間の生涯学習施策の展開に，大別すれば3つの対応をしているといえよう。それは，第1に社会教育の発展・充実につながるという期待をもつ立場からの対応，第2に社会教育の衰退・消滅につながるという危機感をもつ立場からの対応，第3にこの間の展開に便乗しようとする対応，である。これらの対応の違いは，生涯学習・社会教育概念をどうとらえるかの相違からくるものでもあり，論者が行政とどのようにかかわっているかによる違いでもある。

　第1の対応，期待をもつ対応，生涯学習・社会教育共存共栄タイプの対応は，たとえば，社会教育主事資格取得の際の科目の変化に見られる。社会教育主事講習等規程（文部省令）は，1951（昭和26）年に制定されているが，1987（昭和62）年，1996（平成8）年に改正されている。当初「社会教育概論」と設定され

ていた科目は，1987（昭和62）年には「社会教育の基礎（社会教育概論）」，1996（平成8）年には「生涯学習概論」と変更された。もちろん文部省令自体が施策の展開そのものを示すものでもあるが，そこでの論理がどのようになっているかを認識することができよう。

1986（昭和61）年10月には社会教育審議会成人教育分科会「社会教育主事の養成について（報告）」が出され，旧来の「社会教育概論」を「社会教育の基礎（社会教育概論）」とすることを提言し，「社会教育の基礎（社会教育概論）」は「社会教育概論にあたる部分であって，ここでは社会教育の理念，歴史，現況，関係法令等を概説することによって社会教育に関する基礎的な事項の理解を図る。また社会教育行政の仕組み，社会教育の方法，指導者等についても概説する。更に，生涯教育の中での社会教育の位置や家庭教育，学校教育，民間教育文化事業，企業内教育等との関係，連携についても理解を図るとともに，今求められている社会教育とは何かということについて理解させる。」としている。[13]

1996（平成8）年4月には生涯学習審議会社会教育分科審議会「社会教育主事，学芸員，及び司書の養成，研修等の改善方策について（報告）」が出され，社会教育主事・学芸員・司書に共通な科目として「生涯学習概論」を設定することが提言されている。社会教育主事資格については1987年の改訂がすでにあるので，大幅な変更は見られないが，「社会教育の基礎（社会教育概論）」を，「生涯学習概論」に変更していることは注目に値する。そこでは，前回改正以降「生涯学習社会の構築が我が国の重要な課題として広く認識されるようになり，各教育委員会における生涯学習振興のための組織体制の整備と施策の積極的推進が必要となっている。このため，社会教育主事の養成内容について，幅広い生涯学習・社会教育行政を推進する専門家としての役割を一層発揮できるように見直す必要がある。」という認識が示されている。具体的には，「生涯学習の本質や学習情報提供及び学習相談についての理解を深めることができるように，養成内容の充実を図る必要がある。」とし，「生涯学習及び社会教育の本質について理解を深めるとともに，学習者の特性や教育相互の連携について理解を図る内容とする。」との提言になっている。

第8章　生涯学習社会の社会教育

ここに示されているのは，生涯学習推進に際しての，社会教育の役割の強調であり，このような論理は，広く存在しているものである。たとえば，すでに1988（昭和63）年，文部省が生涯学習推進施策を展開し始めた時期に，池田秀男は諸外国における生涯学習への取り組みが成人教育の領域で展開されてきたことに言及しながら，「生涯学習のほとんどは，学校の教育課程以外の教育サービスを利用して行われる。しかもその期間は学校卒業後の全生涯にわたる長きに及ぶ。このことに着目すると，生涯学習の推進体制を整備する上で社会教育の在り方は決定的な重要性をもつことがわかる」とし，「われわれが開放的で柔軟な生涯学習体系への移行を選択するなら，これからの社会においては，学校教育よりも社会教育の整備充実に教育施策の重点を移行させることが必要である」と指摘していた。また，1985（昭和60）年に『社会教育概論』として刊行された大学生向けのテキストが，1995（平成7）年に改訂され，『生涯学習・社会教育概論』と名称も変更し「この歳月の間に生涯学習の考え方が浸透し，社会教育は生涯学習の一翼を担う社会教育に変身した。そして現在では，生涯学習の観点に立脚しない社会教育は社会教育ではあり得ないという状況に変わってしまった」という認識を示していることは象徴的である。さらに，社会教育委員向けのテキストでは，「生涯学習社会の主役である社会教育は[15]」との表現や，「生涯学習社会構築を目指した教育改革が進められているが，社会教育はその中で重要な位置を占めている[16]」という表現がみられる。[17]

いずれもが，生涯学習振興・支援のためには社会教育がその中核的な役割を担うべきだという認識のもと，従来の社会教育の役割に生涯学習支援の諸機関の調整という役割を付与している議論である。その背景には，わが国における学校教育による生涯学習支援の未整備状況という実態が存在していたと考えることができよう。[18]

第2の対応，生涯学習施策の展開による社会教育の危機意識を表明するタイプの対応もまた，きわめて広範にみられる。典型的には，「生涯学習振興整備法（1990年）に基づいて設置された生涯学習審議会による一連の生涯学習施策の展開と生涯学習振興行政の展開は，教育委員会における社会教育部局の生涯

学習部局への改組を促し，社会教育ないし社会教育行政の合理化・再編と空洞化を起こしつつある。また，1995年の地方分権推進法に基づいて設置された地方分権推進委員会による一連の勧告は戦後社会教育法制の民主的蓄積を否定するものとなった」というような論理展開にみることができる。あるいは，社会教育における地方分権・規制緩和政策がめざすものは，「自治体社会教育の解体と生涯学習体系への統合再編をねらうもの」であるという指摘もみられる。また，生涯学習施策のなかで社会教育の制度的見直しがなされることに対し，「生涯学習の時代に，なぜこれまでの社会教育を見直す必要があるのか。むしろ新しい状況に即して，社会教育を基礎としつつ，その理論を鍛え練りあげていくべきではないか」という問題意識から大学生向きテキストが編まれたことを表明する論者も存在する。

第3の対応は，この間の行政施策に反対するかどうかは別にして，「生涯学習」という用語を利用していくという動きである。このことは，生涯学習というコトバの社会における浸透状況と無関係ではない。もはや，生涯学習という概念・用語は，教育関係者・社会教育関係者内で用いられるだけでなく，広く一般社会でも用いられるようになってきているのである。ちなみに，「生涯学習」という語は，『広辞苑』（岩波書店）において，1991（平成3）年刊行の第4版まではみられないが，1998（平成10）年刊行の第5版から採録されている。

「生涯学習」という語は，1974（昭和49）年刊行の宮原誠一編『生涯学習』で用いられた際には，むしろ国民の自己教育，権利としての社会教育という文脈での用いられ方としてであった。それが，1981（昭和56）年の中央教育審議会答申での生涯教育と生涯学習との意識的区分や，臨時教育審議会の答申等によって，一般化していくに従って，いわば運動的用語としての色合いは後退していく。たとえば，小林文人・藤岡貞彦編『生涯学習計画と社会教育の条件整備』(1990)や「月刊社会教育」編集部編『市民が創る生涯学習計画』(1991)等の書籍は，タイトルに生涯学習という語を冠しているものの，その内実は生涯学習政策批判が基底にある。生涯学習政策批判を基底にしながらも，生涯学習という用語は使用していくという，いわば現実的対応は，これまた広範にみられ，

あたかも文部行政に批判的な動きがなくなったかのように思われるが，内実を検討すれば，それが，いわば「便乗的に」社会の動向に従っているということにすぎない，あるいは生涯学習に別な意味付与をしつつ，主張の正当化・浸透を試みているものと考えることができよう。「世間一般」には立場の違いが不鮮明になってきているのであり，それへのいわば「柔軟な」対応であるとみることができよう。たとえば，平和・環境と資源の保全・貧困からの解放や経済的不公正の是正・基本的人権の確立・民主主義と思想の自由という課題が「生涯学習の課題として，人々が現代を生き抜くうえで避けることのできない課題として捉えられている」「生涯学習計画」が少なくはないという認識をし，「領域的にはこれまで『社会教育』といわれてきたものからの脱却，概念的には『教育』から解放された『学習』の主体的再編成，方法的には『学習』から『自己教育』への発展，すなわち『自己発達力をわがものにする』いとなみの確立，組織論としては，公的制度を充実させながらもそれに依存せずそれを駆使する民衆的な力量の形成がめざされている」というような理解がなされるが，これは，「オルタナティヴ・ソサエティをきずく生涯学習」というタイトルの論文での記述である。『生涯学習のあらたな地平』と題するこの書物に見られる「生涯学習」という用語には，まさに新しい意味合いが込められているのである。[24]

　このように生涯学習施策の展開のなかでの社会教育関係者の対応は，やや複雑な様相を呈していると考えられる。賛成反対は別にして，社会教育という教育形態あるいは教育領域の重要性を認識している行政関係者の減少という事実もあり，むしろ，社会教育の重要性を強調する論者に「社会教育主義者」というようなラベリングがおこなわれることもある。社会教育は古いもの，古い社会に対応したものというような誤解あるいは意識的な曲解ともいうべき現象もみられる。

　ところで，派遣社会教育主事の制度は，1971（昭和46）年の社会教育審議会答申「急激な社会構造の変化に対処する社会教育のあり方について」や1974（昭和49）年の社会教育審議会答申「市町村における社会教育指導者の充実強

化のための施策について」において推奨され，1974（昭和49）年度より補助金施策として継続されてきたが，1996（平成8）年から段階的に削減され，1998（平成10）年からは一般財源化されるに至った。この補助金を利用して社会教育主事を配置する自治体は多かったが，制度自体には，自治体の職員として存在するのではなく上位自治体から派遣されるため，統制・中央集権を強めるものである等の理由で批判し反対する動きがみられた。この派遣社会教育主事制度の評価が，社会教育の国家的統制という観点からのみなされるのは，不十分であることは明らかであろう。

学校教員に対する社会教育への理解を高めうる場，学校教育との連携の基礎がつくられる場としても意味はあろうし，なにより教員のなかでの社会教育の理解者層の拡大の機会として活用できるものでもあった。派遣社会教育主事補助金が廃止され，たとえそれが地方交付税として考慮されるので考え方は生きているとされても，社会教育行政の担い手としての理解者の減少は事実である。受講生が派遣社会教育主事として任用されることを予想しつつも社会教育主事講習を実施してきた，単にこの制度に反対するだけの大学関係者の行動は，無責任で無節操であると批判できようが，実際のところ，社会教育の充実のためには意味のある行動であった，と再認識することができるであろう。

このような派遣社会教育主事制度をめぐる問題の経緯を考えてみると，生涯学習推進あるいはそれに関連した行政施策との関係において，社会教育の重要性を強調するためには，どのような方策を考えることが現実的に意味あることであるかが明らかになってきそうである。単に生涯学習推進施策に対決するという姿勢は無意味であろうが，生涯学習支援方策の中心であると楽観的に考えることは，また安易すぎることでもあろう。本質的な部分を隠すような形で一般の支持を得ようとするような方策もまた拒否されるべきだろう。社会教育の特質を生かすような形の，また時代の状況に適的な形の，社会教育のあり方が追究される必要があると考えられる。

5 社会教育の理解の転換をめざして

社会教育の性格については，さまざまな理解がなされてきたが，それらを参考にしつつも，現在の状況を前提とし，さらにこれからの社会のなかで意味のある理解がめざされる必要がある。

宮原誠一は，第2次大戦後の状況のなかで，社会教育を歴史的範疇として理解したといわれる。学校教育との関連で社会教育を把握し，その歴史的発達形態を，学校教育の「補足」として，学校教育の「拡張」として，学校教育「以外」の教育要求として，の3類型で指し示した。その議論では，テクノロジーとデモクラシーの発達との関連で社会教育の存在様式が示されるが，社会教育は民主主義の発達にともなって，「民衆の下からの要求」として出現することもあるが，「民衆の民主主義的自覚に対する支配階級の上からの対抗策」として姿を現すこともあるという階級史観にもとづく解釈がなされる。[26]

このような解釈は「社会教育とは，成人の自己教育活動を組織化するいとなみである」とし，「自己教育」を「たんなる自学自習のことではなく，人間的な自由と権利の保障の観点に立って自己の人間的な発達の可能性をみつけ出し，それへの不断の働きかけをこころみる意欲を育て，自己のうちに学習活動を組織していく力と，それに必要な条件を獲得していく力を形成するいとなみ」，「権力による国民錬成のための『教化』を排し，歴史的に獲得された自由と人権を担い発展させる国民を形成する，自主的・集団的な国民教育創造の努力」であるとする理解に引き継がれる。また，「『生涯教育論』は，日本においては当初から国民の教育要求に相対する国家主導の政策的理念として導入され定着をみた。その過程で『生涯教育論』の『矮小化』がなげかれ，さまざまの『生涯教育論』批判が展開され，そして政策理念としての『生涯教育論』に対置される国民教育思想として『国民の学習権』思想が成熟してきたことは，すでに広く共通の認識となっている」という理解を基礎に，「労働者の学習権要求の高まり」「地域における住民の学習権の主張によって社会教育が民主化され，新しい自主的な文化が創造されつつあること」という「社会教育の新しい組織[27]

化」の2つの基本動向が指摘され,「勤労人民の労働と生活の根底からくりかえし学習権の思想をとらえかえし,社会教育の全面的体系的な発展方向を,理念的にも教育計画の面でも明確にしていくことが,いまもとめられている」とされることもあった。[28]

このような「権利としての社会教育」という考え方は,学界の主流を占め,研究動向の総括がおこなわれたと考えられる日本社会教育学会の30周年記念誌では,その終章が「『権利としての社会教育』研究における『権利としての成人の自己教育・生涯教育』研究の問題」とされ,松下圭一による「社会教育の終焉論」や臨時教育審議会の「生涯学習大系論」による「『権利としての社会教育』実践・研究」批判に対抗すべきことが記されている。[29]この考え方は,現在でも,幾分かの装飾が凝らされることがあるが,基本的には多くの社会教育論者の議論の底に存在しており,現場の社会教育関係者にも影響力をもち続けていると考えられる。

しかし,すでに,それらの発想のもとになった社会状況は,根底的に変化してきている。「歴史的範疇としての社会教育」という考え方自体が,歴史的範疇としてとらえられるべきであるということもできよう。新しい形の社会教育についての理解は,どのような条件下で考えられなければならないであろうか。

喧伝される「生涯学習社会」は1つの理念型であり,計画の目標概念でもある。「自由に選択される学習機会」や「適切な評価」が実現可能か,内在する問題はないか等の検討も必要であるが,そのことが生産的なものになるとは考えにくい。ここでは,生涯学習社会が喧伝されるような,生涯学習支援のための一システムとしての社会教育を取り巻く状況の変化のなかでの,社会教育のあり方に関する新たな論点をいくつか検討してみよう。

第1の論点は,これまでの社会教育が施設中心また公民館中心に考えられてきたということに関してである。この間の統計をみれば,公民館以外の図書館・博物館・青少年教育施設等の設置は進み,加えて,カルチャーセンター等の民間の生涯学習支援のための施設も増加してきた。[30]社会教育の典型的な施設・機関として公民館を位置づけることも必要ではあるが,そのために他の施設・機

関の役割が重視されることが妨げられてはなるまい。図書館の司書も博物館の学芸員も社会教育施設・機関の職員としての専門性がこれまで以上に求められるといえよう。関連して，民間の機関についてもその役割を正当に位置づけるとともに，その自律的な生涯学習支援の機関としての運営が模索されることが望まれよう。

　第2の論点は，専門職の存在をどう考えるかということである。たとえば，松下圭一の社会教育の終焉論にみられるいわば外部からの批判[31]はあるものの，この間社会教育関係者は，立場を問わず専門職員の重要性を唱えてきた。しかし，行財政改革等の関連で次第に職員の配置そのものが困難な状況にもなってきていることも事実である。また，一方で「参加」の必要性が語られ，ボランティア活動やNPO活動にも注目がされてきた。これらは，当該課題の解決が「専門処理システム」と「相互扶助システム」のどちらに適しているかという問題として位置づくが，両者の最適な組み合わせが求められるということになろう[32]。第1の論点と抵触する部分もあるが，非常勤職員の位置づけ，ボランティアの位置づけ，その他の生涯学習支援者についての抜本的な検討も必要になってくるであろう。

　第3の論点は，第2の論点と関連して，制度化・組織化・定型化を追求することがはたして，究極的に人々を幸福に導くかは再検討してよいのかもしれないということである。かつて，社会教育は「組織化の道程にあるもの」（春山作樹）とされたことがあったが，そのような状態にあることが社会教育を社会教育たらしめていることなのかもしれない，と考えることはできないだろうか。「権利としての社会教育」も常に目標が達成できない状態であるからこそ意味があるのである，とするのは，シニカルに過ぎるであろうか。

　第4の論点として学校教育との関連が考えられる。この間の社会教育は，学校教育を補完するような役割が与えられ，それによって存在意義をかろうじてアピールしているともみえる。いわば，学校教育の下請化であり，補償教育の一翼を担うということにもなりかねない。そのような役割を全面的に否定することもないだろうが，定型的な教育としての学校教育の論理によって，社会教

育がその特質を喪失していくということになれば、もはや、社会教育独自の存在意義はなくなる。このことは、第3の論点とも関連するものでもある。

第5の論点は、生涯学習支援・社会教育の問題が、教育論のみで考えられていることについての検討の必要性である。生涯教育政策・生涯学習支援施策についての批判として、すでに、教育論を背景にもたずに施策が展開しているのではないかという指摘がなされてきた。しかし、そもそも生涯教育政策・生涯学習支援施策は教育論とは異なる領域での問題として扱うということも今後検討されていいことなのかもしれない。単に産業振興等の文脈で検討すればいいというのではなく、人間の精神的自由とその自律的な活動のための支援についての、たとえば地域活動一般の議論のなかでの検討というような、より総合的な検討が求められているのかもしれない。閉ざされた、「業界」内だけでの議論からの脱却である。

生涯学習社会の到来が喧伝されるあるいはその構築の必要性が強調されるなかで、過去の蓄積を重視しつつ、また、新たな視点を導入しながらの、総合的かつ根源的な、社会教育のあり方についての検討が、喫緊の課題となっているのである。

注
1) 生涯学習局生涯学習振興課「生涯学習局の施策と課題」『文部時報』第1339号、1988年8月号、p.68-69. さらに、2001年、生涯学習局は生涯学習政策局へと改組された。
2) 関係者の間では、「5.15通知」と呼ばれている。伊藤俊夫編『生涯学習・社会教育実践用語解説』全日本社会教育連合会、2002, p.60.
3) 森部英生「生涯学習振興法」『季刊教育法』110号、1997年6月、p.113-117. この論文は、類似論文の多くが「反対」の立場から記述しているのに対し、公平に扱おうとしている印象を受けるものである。なお、この法律の略称が「生涯学習振興整備法」とされる場合があるが、それは、この間の文部行政に批判的なスタンスをとる人々の表現法であって、「この新法が『教育』法というより、『社会』法、さらには『産業』振興法としての性格をもっており、憲法・教育基本法・社会教育法体制の大きな転換であるばかりか、教育政策の自己否定でもある」という理解が背景にあってのことである。鈴木敏正「社会教育の時代がやってきた」『月刊社会教育』1991年4月号、p.10. この法律の略称については、当初「生涯学習『振興』法」(大串隆吉「生涯学習『振興』法への大

いなる疑問」『月刊社会教育』1990年8月号, p.6), あるいは単に「生涯学習振興法」（上田幸夫「『生涯学習』『振興』の逆説——生涯学習振興法制定過程における『社会教育政策』の欠落——」『月刊社会教育』1990年11月増刊号, p.26) と呼ばれていた。小川利夫「生涯学習振興整備法を読む——三つの設問をとおして——」『季刊教育法』第81号, 1990年8月, p.87-94によれば，「この法における行政の権限や義務, さらに行政組織形態等は, 教育行政というよりも一般・総合行政的な性格がつよい。これまで一般に，この法律は，『生涯学習振興法』と略称されてきた。しかし，より正確には『生涯学習基盤整備法』あるいは『生涯学習振興施策推進体制整備法』と略称されるべきものであり, さらに端的には『生涯学習振興整備法』と略称するのが適当であろう」とされる。『生涯学習振興整備法』は，運動団体「社会教育推進全国協議会」の機関誌『社全協通信』の記事からの引用であるというが, 文部行政に批判的なスタンスをとる人々の間での, この略称の定着については小川の論文の影響力が強いと考えられる。

4) これらの点に関する批判の論点については, たとえば, 『月刊社会教育』1990年8月号の「緊急特集・生涯学習『振興』法を斬る」の諸論文・座談会・団体や個人のアピール等が参考になる。

5) 岡本薫「学校外の学習活動の体系的・総合的推進——『県民カレッジ』方式による『新社会教育』の挑戦」『社会教育』1994年6月号, p.8-13。

6) 碓井正久・倉内史郎編『新社会教育』学文社, 1986。

7) 1995(平成7)年9月21日付, 回答22日付, 同日付各都道府県教育委員会委員長宛生涯学習局長通知

8) 鈴木眞理「社会教育法」『季刊教育法』110号, 1997, p.38-42。

9) なお, この生涯学習審議会答申は,「中間まとめ」が公表されており, それに対して, 日本社会教育学会理事会は, 意見書を提出した（日本社会教育学会『学会通信』第149号1998年8月）が, 常任理事会2回と小委員会3回, 全国理事等への2回の照会, という「きわめて短期間の限られた人々の間の議論」(これは, 生涯学習振興法の成立過程についての批判の際によく用いられるフレーズでもある) といえるような程度であって, 研究的裏づけをもちうるかどうかは疑わしいものであるといえよう。『学会通信』によれば, 実際,「研究成果に基づく判断材料や論点の提起が必要」という意見が理事から寄せられているという。また, この意見書が, 社会教育推進全国協議会『社会教育・生涯学習ハンドブック（第6版）』エイデル研究所, 2000, p.160-161に掲載されているということは, 何を意味するものであろうか。

10) 1999(平成11)年の生涯学習審議会答申「生活体験・自然体験が日本の子どもの心をはぐくむ」以降,「全国子どもプラン（緊急3カ年戦略）」が推進された。

11) 専修学校の専門課程の修了者に対して,「専門士」の称号が付与されるが, その規定で「修了者の社会的評価の向上を図り, もって生涯学習の振興に資することを目的とする」（文部省告示「専修学校の専門課程の修了者に対する専門士の称号付与に関する規

程」1994〈平成6〉年6月21日・第1条）とうたわれていることは，興味深い。称号の設置が社会的評価につながるのでなく，修了者が示すことのできる「実力」が社会的評価につながるのであろうし，生涯学習の振興がいわば学歴取得との関連で位置づけられていることを示しているともみられる例であろう。

12) たとえば，越田幸洋「コミュニティカレッジの講座が授業になった」『社会教育』1999年10月号, p.18-21. 岸裕司「学校を基地にまちづくり……『学社融合』教育が切り拓く教育創造」『社会教育』1999年10月号, p.22-25.
13) これは，大学における養成の教育課程についての指摘であるが，社会教育主事講習においても同様であることが示されている。
14) 池田秀男「これからの社会と生涯学習——国際的動向を踏まえて——」『文部時報』第1339号，昭和63年8月号, p.32-37.
15) 稲生勁吾「改訂にあたって」稲生勁吾編著『生涯学習・社会教育概論』樹村房, 1995, p.i.
16) 伊藤俊夫「生涯学習時代の社会教育」伊藤俊夫編『生涯学習社会の社会教育』全日本社会教育連合会, 2001, p.22.
17) 結城光夫「社会教育行政の全体像」伊藤俊夫編, op.cit., p.27.
18) 鈴木眞理「生涯学習とライフサイクル」東京大学公開講座『ライフサイクル』東京大学出版会, 1993, p.65.
19) 長澤成次「解説」社会教育推進全国協議会編, op.cit., p.128.
20) 姉崎洋一「地方分権・規制緩和と社会教育法制」日本教育法学会『教育基本法五〇年——その総括と展望——』有斐閣, 1998, p.114-123.
21) 「まえがき」小林文人・末本誠『社会教育基礎論——学びの時代の教育学』国土社, 1991, p.2.
22) 宮原誠一『生涯学習』東洋経済新報社, 1974.
23) 小林文人・藤岡貞彦編『生涯学習計画と社会教育の条件整備』エイデル研究所, 1990.「月刊社会教育」編集部編『市民が創る生涯学習計画』国土社, 1991.
24) 島田修一「オルタナティヴ・ソサエティをきずく生涯学習」島田修一編『生涯学習のあらたな地平』（教育への挑戦5）国土社, 1996, p.224. なお，このような議論は，日本における生涯教育・生涯学習概念の登場・受容過程の検討のなかで，「推進側」に対抗する「批判側・運動側」の動きを，「『生涯学習』批判から『私たちの生涯学習』へ」として紹介されるものでもあった。渡邊洋子「日本における『生涯学習』概念の検討」日本社会教育学会編『生涯学習体系化と社会教育』（日本の社会教育第36集）東洋館出版社, 1992, p.184-187.
25) たとえば，社会教育推進全国協議会のパンフレット「社会教育を国民の手で守ろう——社会教育主事制度〈改悪〉のねらい——」1974年では，「戦前の中央集権的な〈国民教化〉〈国民精神作興運動〉のための社会教育態勢を思い出させます。」「国のねらい

は，一貫した行政指導を市町村にまでつらぬかせるところにあります。職員制度にかぎらず社会教育全体を中央集権的な方向に再編しようする法の〈全面改正〉の動きもあります。」というような認識を示し，「これに双手をあげて賛成するということは，〈社会教育の住民自治〉という原則を投げすてることになります。またこれに無関心なまま〈社会教育の振興〉を叫んだところで，実際の実りは少ないばかりか〈官僚統制の社会教育〉の推進に手をかすことになってしまいます。」としている。なお，このパンフレットならびに派遣社会教育主事制度については，前掲のハンドブックには，かなりの紙幅を費やして数点の資料が掲載されているが，改訂版である，社会教育推進全国協議会編『社会教育・生涯学習ハンドブック』エイデル研究所，1989では，まったくふれられていない。

26) 宮原誠一「社会教育の本質」『宮原誠一教育論集第2巻・社会教育論』国土社，1977，p.15. なお，この宮原の議論は，1949年に原型が示されているものである。
27) 島田修一「社会教育の概念と本質」島田修一・藤岡貞彦編著『社会教育概論』青木書店，1982, p.8.
28) 佐藤一子「社会教育の新しい組織化」五十嵐顕・城丸章夫編『社会教育』（講座日本の教育9）新日本出版社，1975，p.237-275.
29) 笹川孝一「『権利としての社会教育』研究における『権利としての成人の自己教育・生涯教育』研究の問題」日本社会教育学会編『現代社会教育の創造——社会教育研究30年の成果と課題』東洋館出版社，1988, p.717-735.
30)『社会教育調査』によれば，市部における公民館および図書館の設置率は，1993年94.9%・93.6%，1996年94.1%・95.8%，1999年94.7%・96.5%であり，わずかであるが，市部において設置率は逆転したことは象徴的なことであろう。
31) 松下圭一『社会教育の終焉』筑摩書房，1986. なお，この批判的検討については，鈴木眞理「社会教育の周辺——コミュニティと社会教育のあいだ・再考」『社会教育学・図書館学研究』第11号，1987，p.53-66を参照されたい。
32) この点に関しては，倉沢進「都市的生活様式論序説」鈴木広・倉沢進・秋元律郎編『都市化の社会学理論』ミネルヴァ書房，1987, p.304-307に詳しい。

特論1　日本型生涯学習支援論

岡本　薫

1　何が「日本型」なのか？

　この稿の目的は，比較文化的な視点も加えつつ，「日本型」といわれる「生涯学習支援」「生涯学習政策」について概説することにある。

　生涯学習振興の「日本モデル」という言い方を日本で始めたのは，おそらくこの稿の筆者ではないかと思われるが，これは筆者のオリジナルではなく，当時西欧の教育政策研究者の間で，後に解説する「3つのモデル」ということがいわれていたことをふまえたものである。

　しかしこれは，あくまでも「生涯学習振興」という「政策」や「支援策」（何に「税金」を使うかということ）についての分類であり，決して「個々の学習者」がおこなう「学習活動」についてのモデルや分類ではない。しかしながら，いつの間にか，「日本型生涯学習振興」や「日本型生涯学習政策」というものと，「日本型生涯学習活動」というものとが混同されるに至り，さらに「日本型生涯学習」という曖昧な言い方（ここでいう「生涯学習」が，「生涯学習政策」を意味するのか，個々の学習者の「学習活動」を意味するのかが不明）がこの混乱・混同に拍車をかけた。

　こうした混乱・混同がもたらした極めて深刻な問題は，「生涯学習振興政策は，『日本型』を脱するべきではないか」（「税金の使い道」を見直すべきではないか）ということが，「個々の日本人の学習活動のテーマ・内容は，『日本型』を脱するべきではないか」（人々は，もっと別の学習活動をすべきではないか）ということと混同され，学習者の自発性を無視するような議論に結びつく傾向が生じ

てしまったことである。

　この問題の背景には,「生涯学習」という概念・用語が, 理念・政策・活動などのいずれを意味するのかを特定せずに頻繁に用いられる, という日本独特の傾向があるが, この稿では, こうした問題を指摘したうえで,「政策」「支援策」について（むしろ,「政策」「支援策」についてのみ議論しうる）「日本型」というものについて, 検討・解説をおこなうこととする。

2　文化的背景の影響

　民主的な国家・社会における中央・地方政府の政策は, 当然国民・住民の意思によって企画・実施されるものであるため, 特定分野の政策へのアプローチのしかたも, 経済・社会状勢等だけでなく, 国民・住民が共有する「文化」（ある民族が共有する「思考様式・行動様式・生産様式等の総体」といった, 特定の価値と関係しない「広義の文化」）の影響を受けることになる。とくに教育という政策分野は, 文化や価値体系と密接に関係するものであるため, 各国の文化が色濃く反映される度合いが高い。

　「生涯学習政策」の対象となる「学習」や「学習活動」というものの概念は, きわめて広範なものであり,「教育における学習」以外の広大な世界を含んでいるはずである。しかし, 学習活動を支援する政策を「教育行政当局」が企画・立案する場合, 教育に係るその国の国民の文化が,（「教育政策」よりもはるかに広範であるはずの）「生涯学習政策」というもの全体へのアプローチのしかたに, 大きく影響することが多い。

(1)　日本の「教育文化」の要素

　日本においても, 生涯学習に関する政策の展開は, 主として教育行政当局によってリードされてきたため, 日本独特の「教育文化」ともいうべきものが,「教育」以外の分野における学習・学習活動も対象とすべき「生涯学習政策」や「学習支援政策」に, 大きな影響を与えてきた。

　ここでいう日本の「教育文化」の要素・側面としては, たとえば次のような

ものをあげることができる。[2)]
① 学ぶことや知的に向上することそのものに高い価値を見出し,「教育」や「学習」そのものが「好き」であること
② 理念としての「教育の目的」を「知識・技能」よりも「心や人格」に置く傾向があること
③ 社会の同質性の高さのために,「同じ価値観を容易に共有できるはずだ」という一種の「甘え」があること

これらは,日本人の多くは「当然のこと」と考えていたり,またはそうした特長に気づいていないが,広く国際的に共有されているわけではない。東アジア諸国などでは一部共通の傾向がみられるが,とくにいわゆる欧米諸国の専門家は,これらの点について,驚いたり奇異に感じたりすることも少なくない。したがって日本の専門家は,誤解を招くことのないよう,文化的な背景まで遡って適切な説明・分析ができるようにしておかなければならない。

(2) 文化的背景によって生じた傾向

こうした文化的背景により,日本における生涯学習政策や学習活動支援策は,次のような様相を呈している。

① **公的資源を用いて政策的に振興すべき学習活動の範囲の曖昧さ** 少なくとも日本においては,諸法令の規定ぶりを見ても,「教育」というもの(法令上の定義は存在しない)はすべて「無条件に価値あるもの」とされており(逆にいうと「価値あるもの」のみが「教育」の範疇に入るという前提になっており),すべての教育が「公的資源を用いて振興すべきもの」と位置づけられている。

これに対して,「新しい知識,技能,態度,価値観等が結果として身につくこと」を意味する「学習」や,「学習しようとして行う意図的な活動」を意味する「学習活動」は,本来「価値中立的」な概念である。

したがって,「良い学習活動」とか「悪い学習活動」といったものは,絶対的概念としては存在しないはずである。「ある価値尺度」を設定すれば,それとの関係で,「良き学習活動」「どちらともいえない学習活動」「悪しき学習活動」といった分類ができるが,これは「どのような価値尺度を設定するか」と

いうこと次第である。(たとえば，日本でも1945年を境として，「良き学習活動」と「悪しき学習活動」の変化や逆転が生じた。)

「公的資源を用いてある種の学習活動を政策的に振興する」ということを考えることは，「学習活動」について，「ある価値尺度」からの差別化をすることに他ならないが，この場合の「ある価値尺度」(公的資源の使い道を決めるための尺度)とは，民主的な国家・社会においては，「国民・住民の意思」である(自治体レベルでは，当然自治体ごとの差異が生じる)。

つまり，他のすべての政策分野と同様に，「何に税金を使うか」という「価値判断」は，「国民・住民の意思」によってなされるべきものであるが，日本では，「教育や学習活動そのものに価値がある」というイデオロギーが蔓延しているため，政策的な議論が，「そこに税金を使うべきか」ということではなく「それは教育・学習活動に該当するか」という無意味な議論に走りがちである。

たとえば，教育委員会の社会教育担当部局などが，レクリエーション的な活動や「カラオケ」に関する学習活動などを企画した場合，「そのような公的資源の配分は，住民の意思に適合しているか，また，住民の福祉・利益に結びつくのか？」という建設的な議論よりも，「それは教育に該当するか？」とか「それは学習活動か？」などといった，過度に哲学的で不毛な議論に陥っていく傾向がみられる。

② 「心の豊かさ」というイデオロギーへの偏重　　日本の中央・地方教育行政当局が企画・実施する生涯学習支援策においては，「心の豊かさ」ということが強調されている場合が極めて多い。後に解説するように，この要素は，日本において生涯学習社会の構築がめざされてきた「３つの理由」のひとつにすぎないのであるが，教育において「人格」を重視する伝統が根強いこと，中央教育行政当局が生涯学習という動きに乗じて「文化活動，スポーツ，非職業指向の社会教育」といった分野への資源配分の拡大を志向したこと，教育行政当局の主導で生涯学習政策が展開されたために他の行政分野における実践的学習活動が視野から除外される傾向が生じたこと，などの背景のために，「心の

豊かさ」に関係する学習活動が重点的に振興されるという事態が生じてしまった。

このような状況が,「日本的な生涯学習振興」などと呼ばれ,たとえば「学習活動による高齢者の生きがい対策」などという国際的にみてユニークなアプローチが,北欧諸国などの強い関心を集めるといったことも生じたのである。

しかし,こうした傾向が生んだマイナス面は,まず,「生涯学習」とは「心の豊かさ」や「生きがい」のための活動のみを意味する,という誤解や偏見が広く蔓延してしまったことである。たとえば「企業内教育訓練」「医療技術者の再教育」「交通安全教室」など,特定目的のための学習活動が,「生涯学習の概念」や「生涯学習政策の対象」から除かれてしまう,という傾向が生じた。

また,「正規の学校教育」が「生涯学習」に含まれるという,諸外国では当然のことが,日本では学校教育関係者によって否定されるという,驚くべき事態も生じてしまった。

さらに,「心」や「人格」といったものは「非営利性」と不可分である,などという不合理な偏見によって,「企業内教育訓練」などの「営利目的の学習活動」や,カルチャーセンターなどの「営利企業が行う学習支援事業」が蔑視されたり,生涯学習の概念に含まれないと主張されるような状況も,日本独特の現象として生じていたのである。

③ **学習活動を振興するための合目的的な政策の欠如**　日本の教育行政当局による「生涯学習社会」の定義は,「人々が生涯のいつでも,自由に学習機会を選択して学ぶことができ,その成果が適切に評価される社会」というものであるが,この定義は,極めて「楽観的」なものである。

第1に,「人々が活発に学習活動をしている状態」という要素が欠如している。これには,「学習機会を与えれば,人々は『学習したい』と思うはずだ」という前提に立っているからであり,「国民は政府と同じ『思い』を共有しているはずだ」「政府が生涯学習と言っているのだから,すべての国民は明日から公民館に駆けつけるはずだ」といった,「同質性の幻想」が関係していると思われる。

第2に，この定義は，「個々人による学習活動の『選択』は，本人にとっても社会全体にとっても，常に『最適の方向』を自然に向くはずだ」という前提に立っている。これが幻想にすぎないことは，公民館で「カラオケ教室」と「男女共同参画社会」に関する講座を同時開催したような場合に，すぐに明らかになる。

　「同質性の幻想」と関係しているこのような楽観的アプローチは，「国民・住民にとって必要なもの」（「何が必要か」は，民主的手続きを経て国民・住民自身が決定する）に向けて，合目的的な政策を企画・実施していくうえで，大きな妨げとなっている。

　たとえば，「政策目標」は，「人々が学習活動に『参加し得る』状況」をつくることなのか，「人々が学習活動に『参加している』状況」をつくることなのか，ということもはっきりしていない場合が多い。通常は後者がめざされているようであるが，そうであれば，人々が「学習したい」と思うような「誘導策」が必要なはずである。

　また，「何が学ばれている状況をめざすのか」ということについても，いわゆる「現代的課題」などといった「優先課題」の存在が指摘されていながら，かつての「エイズ対策」などの場合を除き，明確な誘導策は打ち出されていない。

　このような「政策目標の明確化」「有効な手段の合目的的企画」といったことの欠如は，生涯学習という分野にかぎらず，日本では，多くの分野の政策形成や，民間企業におけるマネジメントにおいてもみられるものである。

3　社会的背景の影響

　前記の「文化的背景」とは別に，「社会的背景」というものも，日本における生涯学習政策に大きな影響を与えてきた。一般に，「文化」を共有しているのが「民族」であり，「システム」を共有しているのが「社会」であるといわれているが，ここで最も重要なシステムは，「労働市場」のシステムである。

(1) 「生涯学習振興」ではなく「生涯学習社会の構築」

日本で広く用いられている「生涯学習社会」の定義は，すでに述べたように，「人々が生涯のいつでも，自由に学習機会を選択して学ぶことができ，その成果が適切に評価される社会」というものである。他の多くの国々における同様の定義との最大の違いは，「後段」が付け加えられていることであり，日本では，生涯学習社会とは，単に学習活動が広範な選択可能性のもとにおこなわれている（または，おこなわれうる）社会ではなく，「学習成果が適切に評価される社会」を意味している。

日本で，単なる「生涯学習振興」ではなく「生涯学習社会の構築」ということがめざされてきたのは，そのアンチテーゼとしての「学歴（偏重）社会」というものの問題が深刻だったからであり，「学歴社会」の次に来るものとして，「生涯学習社会」なるものが想定されたのである。このような要素が生涯学習振興において強く強調されていることも，日本独特といってよい特徴である。

ここでめざされているものは，「学歴だけで人が評価されるのではなく，継続的な学習活動の成果も，同様に評価されるような社会」というものであり，いわゆる「学歴偏重」の傾向が，子どもたちの成長に大きな悪影響を与えているという問題意識があった。

しかしながら，実際に展開されてきた「評価」に関する政策は，就職や待遇とは関係しない「心の豊かさのための学習活動の成果測定」であったり，労働市場ではあまり役に立たない資格制度であったり，または，学校外での学習活動の成果の「単位認定」などというものが多かったのである。当然のことながら，これらの政策は，学歴社会の弊害を是正するには至らなかった。

(2) 「労働市場」の問題へのアプローチの欠如

こうした政策の機能不全の原因は，政策立案者が，「学歴社会の原因」を正しく認識していなかったことにある。たとえば，中央教育行政当局は，「放送大学」を設置運営していたが，この大学の卒業者が労働市場においてどのように評価・処遇されているのかを冷静に見極めつつ，その原因を探るべきであった。

日本における「学歴社会」の原因は，「教育システム」にあるのではなく，

「特異な労働市場システム」にある，というのが国際的な常識である[3]。簡単にいえば，「既卒者」が労働市場において「卒業予定者」と同等に扱われない（後者が優遇される）というシステムが，ほとんどあらゆる教育問題と密接にかかわっている。このようなシステムは，（新卒一括採用，長期雇用前提などといったこととあいまって）「大学名による被雇用者の選抜」という事態を招く。「日本の文科系学生は，あまり勉強しない」ということがよくいわれるが，これは，こうした状況においては「勉強する必要がない」からである。

　このようなシステムは，簡単にいうと「やりなおしのきかない社会」を形成しており，「新卒」時点までの激しい競争を生む。学歴社会の弊害は，これまでしばしば，「終身雇用」との関係で論じられてきており，終身雇用は終焉したという主張もある。しかしこれは，「リストラが拡大した」というだけのことであり，「新卒者有利」という「学歴社会の根本原因」は消滅していない。

　この問題を根本的に解決するには，あらゆる雇用に「任期制」を導入することなどにより，「平等な条件でやりなおしがきく社会」をめざすことが必要であろう。

4　日本型の「生涯学習振興」

(1)　3つのモデル

　すでに述べた生涯学習振興の「日本モデル」とは，次のような分類の一部として，西欧で論じられていたものである。

① 「西欧モデル」……経済的な目的のための「労働者の継続教育訓練」が，主たる政策ターゲット
② 「途上国モデル」…基礎教育の修了率が低い状況に対応し，成人についても「識字教育」や「基礎的職業教育」をおこなうことが，主たる政策ターゲット
③ 「日本モデル」……「心の豊かさ」や「生きがい」のための「余暇活動的な学習活動」が，主たる政策ターゲット

すでに述べた「心への偏重」のため，日本の生涯学習政策や生涯学習振興は，このようにみられているようであるが，「心の豊かさと生きがい」＝「日本モデル」とするのは，一面的・短絡的な評価であろう。

(2) 3つの振興理由

日本で生涯学習振興が話題を集めるようになってから，生涯学習社会をめざすべき理由として，次の3点が主張されてきた。

① 「学歴社会」の弊害を是正すること
② 「社会の成熟化」によって生じた学習需要の増大に対応すること
③ 「社会・経済の変化」によって必要となる学習活動を振興すること

単純化していうと，これらがそれぞれ，「学習成果の評価システムの開発」「心の豊かさや生きがいのための学習機会の拡大」「いわゆる現代的課題に関する学習活動の振興」に対応しているといえる。

一般に，西欧・北米諸国における生涯学習振興政策は，前記の3番目の理由を中心として展開されてきた。すなわち，「人的資本」（西欧・北米では，すでに「人的資源」という用語は時代遅れとなり，教育の世界でも「人的資本」という言い方が一般化している）の高度化により，「経済成長の促進」「失業率の抑制」「国際競争力の向上」等をはかろうという，明確な目標にもとづいた，経済政策と密接に関連する生涯学習政策である。

(3) 「日本モデル」の特徴はむしろ「3つの理由」にある

これに対して日本では，いわゆる「学歴社会」の問題から前記の1番目の理由がトップに据えられ，教育や学習において「心や人格」を重視する伝統から前記の2番目の理由が加えられた。さらに前記の3番目の理由についても，西欧・北米のような「経済・産業・就業」という観点だけでなく，「教養」としての現代的課題に関する学習活動といった点が強調されてきた。

したがって，「日本モデル」という場合には，前記の2番目の理由が強調されているということではなく，むしろ，他の多くの国とは異なり，「3つの理由」が全体として生涯学習振興の背景をなしている，ということが重要であろう。

この点は，他国の専門家等に対しても，誤解や偏見を避けるために正確に説明すべきであるが，現実には，地方自治体（の教育行政当局）において展開されている生涯学習政策や学習活動支援策を見ると，「心の豊かさ」への偏重が広くみられるので，外部の観察者が誤解をもつのももっともである。

5　結　語

　以上簡単に，「日本型」について論じてきた。いわゆる「日本特殊論」に陥ることの危険性は，ここではあえて述べないが，日本における生涯学習振興，生涯学習政策，学習活動支援策等について，「日本型」と呼びうる部分や側面があるとしても，民主的な国家・社会における「政策」を議論する場合には，「だから日本はよい」とか「だから日本はよくない」といった単純で一面的な議論に走らぬよう，他国との比較・分析等はあくまでも参考情報として，「国民・住民にとって何が必要か？」「国民・住民の血税はどこに使うべきか？」ということを真摯に考えるべきであろう。

注
1 ）岡本薫『新版入門・生涯学習政策』全日本社会教育連合会，1996，p.33.
2 ）ジャック・コリノー『不思議の国の学校教育』第一法規出版，1997，p.6.
3 ）岡本薫『教育論議を「かみ合わせる」ための35のカギ』明治図書，2003，p.26.

特論2　社会教育研究小史

梨本 雄太郎

1　社会教育研究の歩みを振り返る視角

　1970年から翌年にかけて月刊誌に連載された「社会教育をどうとらえるか」と題する「入門講座」は，いくつかの問いの連なりとともに始まっている。ここでは，標題に記された，いわば社会教育理解の〈方法〉をめぐる問いは，社会教育の本質や歴史にかかわる問いに先行するものとして位置づけられており，しかも，著者が自らに向けて問いかけ，他者から投げかけられてきたさまざまな問いのなかでも「もっともしんどい問いかけ」であると述べられている。そして，〈方法〉をめぐるこの問いの背後につねに控えているとして示されるのが，次の問いかけである。

　　なぜ社会教育などという，つまらぬ，ささやかな，しかも，わけのわからぬ現代社会の化物にかかわって，なぜ，わたしが，あなたが，いのちをかけて問いつづける必要があるのか，問いつづけようとしているのか。[1]

　たとえ社会教育というものが「つまらぬ，ささやかな」存在でしかないとしても，それにかかわって「いのちをかけて問いつづけ」ることこそが社会教育研究のエートスである，といっては大袈裟であろうか。それはともかく，ここで注目したいのは，この「入門講座」の著者である小川利夫が「化（け）物」という言葉で言い表している，社会教育そのものの不可解さである。真正面から向きあうにせよ見て見ぬ振りでやり過ごすにせよ，この「化け物」とのかか

わりのなかでどのような〈方法〉を獲得することができるのかという点にこそ，社会教育研究の存在意義が賭けられているのではないか。この小川の問いかけを導きの糸としながら社会教育研究の歩みを振り返ることによって，それぞれの研究の特徴を端的につかむことができるように思われるのである。

あらかじめ論旨を先取りすれば，妖怪や魑魅魍魎の類いは社会の変化とともにしだいに視界の外に追いやられ，われわれの眼の前から完全に姿を消してしまったようにみえる。しかし，そのような「化け物」が再び姿を現さないとはかぎらないし，むしろ「化け物」がすでに眼の前にいるにもかかわらず，それをとらえる視力をわれわれが失ってしまったと考えることも可能であろう。いずれにせよ，安易な理解を拒む「化け物」としての社会教育とわれわれとがどのような形でかかわるべきなのかをもう一度考え直してみることが，本論の課題となるはずである。

2　領域の成立から定着まで

(1) 研究領域としての社会教育の成立

そもそも，社会教育研究という場合にどの範囲の研究を指すのかについて，議論の余地がないわけではない。「社会教育」という概念の本質とその発展過程については他の章で詳述されているはずであるが，相当する言葉を他の国や社会に認めにくい日本社会に独特の概念であることを尊重すれば，国内の研究に対象を限定することは妥当であろう。

次に問題となるのは時期であるが，ここでは第2次世界大戦の終結以降を検討の対象としておこう。これは，大学における社会教育関係科目の開講などをきっかけに1950年前後から社会教育研究を専門とする研究者集団が形成されてきたこと，社会教育研究を目的とする学術団体である日本社会教育学会が1954（昭和29）年に設立されたことなどを重要な契機ととらえるためである。もちろん，それ以前の時期においても，春山作樹や川本宇之介をはじめとする論者が社会教育にかかわる体系的な思想を展開してきたのは事実である。[2][3]

しかし,それぞれの論者の経験や知識を普遍的な理論体系の構築へと導いていくためには研究の担い手の量的拡大と組織化が必要であり,その意味での社会教育研究が成立したのは1950年代前半であったといえるのである。[4]

　研究領域としての社会教育が成立する過程は,社会教育法の制定(1949年)とそれにもとづく社会教育行政制度の成立と並行していた。その後の社会教育研究では,公民館やそれに類似する施設での活動や取り組みが主たる対象とされたのに対し,図書館や博物館に関する研究はそれぞれ個別に設立された学会を中心に展開された。このような分化は,それぞれ個別の法体系をもつ図書館や博物館に対し,公民館に関する規定だけが社会教育法に含まれたという事実に対応している。また,狭義の教育の枠組みに収まりきらない社会教育が研究領域としては教育学の周縁部に位置づけられたのも,教育委員会制度のあり方の反映であるともいえるだろう。[5] このように,研究対象となる領域がしだいに形成されるのを受け,それにふさわしい固有の認識枠組みやアプローチを模索する営みとして社会教育研究が成立したのである。

(2) 初期社会教育研究の性格

　この時期には,1つには新しい法体制のもとでの社会教育のあり方を示した総論的・概論的な研究,もう1つは学習活動との密接なかかわりのなかから抽出した法則的認識をもとに実践に対する示唆を志向する研究が進められた。前者については,「歴史的範疇」としての社会教育を学校教育の補足・拡張,そして学校教育以外の教育的要求の3点からとらえた宮原誠一「社会教育の本質」[6]が代表的なものであろう。また,後者としては「共同学習論」と総称される豊かな研究成果が残されている。[7] これらの研究が確立した議論の枠組みや研究と実践とのかかわり方はその後も長く受け継がれ,現在に至る社会教育研究に大きな影響を与えてきた。その後の研究の問題構成を方向づける範型という意味での社会教育研究のパラダイムは,この時期に初めて確立されたのである。

　ただし,ここには学習活動・学習運動と法体制や行政施策との関係を批判的・分析的に解明しようという視点はほとんどみられなかった。そのため,やがて両者の矛盾や葛藤が表面化するにつれて,認識の枠組みがその対象である現実

特論2　社会教育研究小史　**171**

にそぐわなくなってきた。とくに1959(昭和34)年の社会教育法改正を機に，学習に対する支援と教化ないしは「サポート」と「コントロール」の関係が問い直されるなどの動きのなかで，状況の変化にふさわしい形へとパラダイムに修正を施すことが求められるようになったのである。

(3) 社会教育の本質的把握の登場

1960年代における社会教育研究のパラダイムの修正という課題は，研究領域の成立を担った世代に続く次の世代の研究者に委ねられた。この時期における代表的な研究成果として注目すべきなのは小川利夫・倉内史郎編『社会教育講義』であり，なかでも「社会教育行政(活動)と国民の自己教育運動との矛盾」[8]の歴史的・現実的な分析を社会教育研究の対象として見定めた小川利夫「社会教育の組織と体制」は重要である。これは，「民衆の下からの要求」とそれに対する「支配的階級の上からの対応策」とが「合流して混ざりあって」社会教育が形成されてきたとする宮原誠一[9]，あるいは両者の間に「敵対」関係を見る津高正文ら[10]の議論を受け継ぎつつ，社会教育の本質論として発展させたものである。小川が示したいわゆる「外在的・内在的矛盾」論は，深刻な矛盾や激しい葛藤を抱えた当時の社会教育を総体として把握しようとするものであり，その意味で完成した理論体系とはなりにくい性質のものであったが，社会教育研究が新しい段階へ発展したことを示す1つの典型であるといえよう。

同じ書物に収められた碓井正久「社会教育の内容と方法」[11]は，「社会統制手段としての社会教育編成」と「文化創造主体形成のための社会教育編成」という枠組みを提起している。学習主体の理解をめぐる検討とともに始まるこの論考において，社会教育編成の2つのあり方はけっして単純な矛盾や対立の関係に収まらず，むしろ両者は部分的に重なり合う形で描き出される。これは，小川と問題意識を共有しつつも異なるアプローチを試みたものであり，社会教育をとりまく状況の変化を意識しながらも，教育－学習活動が実際に進められる過程により即した形での分析を志向する貴重な問題提起であるといえるであろう。

これらと並ぶ重要な研究として，宮坂広作による近代社会教育史の徹底的な

分析をあげることができる。この時期における社会教育の変質が、ある意味で戦後社会教育法制度の成立以前にみられた性格の再興と考えることもできるとすれば、戦前－戦後を総括する歴史研究の枠組みを提示した宮坂の研究が、小川や碓井の研究と同様、当時の社会教育の現実に対する厳しい批判意識に支えられていたのは疑いない。そして、これらの研究こそ、成立直後の研究から区別される社会教育研究の新段階を表すメルクマールであり、研究領域としての社会教育が存続するかぎり、これらの重要性が失われることはないであろう。

3　領域の成熟と発展

(1)　領域の安定と自立

　1960年代半ばから1980年代半ばにかけて、社会教育はさまざまな葛藤や矛盾を抱えながらも、いわゆる現場での取り組みや政策の枠組みは、表面上は安定していたようにみえる。それは、生涯教育論の提起を受けて生涯教育（あるいは生涯学習）という概念がしだいに広がったにもかかわらず、社会教育という領域のあり方を根本的に問い直す契機につながらなかったこととおそらく関連がある。生涯教育ないしは生涯学習という場合には学校教育を含めた教育体系の全体をとらえることが課題となるが、肝心の学校教育の側が変化を受け入れる兆しを示さなかったこともある。早くから宮原誠一は、歴史的カテゴリーとしての社会教育を把握する際に学校教育とのかかわりを避けて通ることができないという、いわゆる「補足・拡張・以外」論を唱えていた。その意味では、学校教育の側に変化を受け入れる余地がないかぎり、生涯教育論が社会教育に大きな影響を及ぼさなかったのは、ある意味で当然であった。このような動きのなかで1979年には日本生涯教育学会が設立されるが、既存の日本社会教育学会との間に研究主題や方法の面ではっきりとした違いはみられない。社会教育という領域そのものは生涯教育論によって大きく変わることのないまま残され、むしろ両者の並立を契機に社会教育研究の方法やその前提となる価値観の多様性が明らかになったというべきであろう。

もともと，「象牙の塔」と揶揄されるような現実から遊離した態度を退け，あくまでも教育・学習活動や事業・政策の現実に根ざした研究として成立したのが社会教育研究の最大の特徴であった。しかし，この時期以降，科学的な学術研究としての発展を志向する動きが強まるなかで，社会教育研究のアイデンティティが問い直されることになった。デュルケームによる教授学（ペダゴジー）と教育科学との区別に匹敵するような，いわば「実践志向」と「科学志向」という2つの方向性の間で，どのようにして折り合いをつけるのかが問われたのである[15]。これは，研究者（分析者）とその分析の対象である現実とのかかわりのなかから一般的な事実認識を獲得する方法に関するきわめて困難な課題であったが，ともかくこのような研究方法に関する自覚が生まれてきたことは，社会教育の領域としての自立性を意味するものであった。

　この点に関連して宮坂広作は，実践の側からみた研究の意義と研究それ自体の成熟とがかならずしも一致しないという点を強調している[16]。ただし，現場が手っ取り早く導入できる技術に対し，社会教育の本質にかかわる精緻な理論の追求を重視する宮坂の態度は，「実践志向」に対して「科学志向」を優先しようとするものではない。宮坂はいわゆる「客観的・実証的」な研究が社会過程や学習活動のごく一面だけを取り出して分析している点を指摘し，分析対象の選定において研究者の問題意識が問われるべきことを強調している。もちろん，特定の実践とのかかわりを優先させるあまり客観的な認識を欠いたり，分析者の願望を対象に投影したりする研究が価値をもたないのはいうまでもない。これらの点を考慮したうえで，社会教育研究は「実践への寄与を念願する『燃ゆるこころ』のおもいを，『冷たき頭脳』のはたらきで達するという，困難な課題」[17]を突きつけられている，と宮坂は述べているが，具体的な取り組みのあり方については現在もなお結論が出ておらず，あるいは永遠に結論が出ない困難な課題というべきであろう。

(2) 研究方法をめぐる反省と模索

　あまりにも実践的関心を優先し過ぎるために特定の実践や研究領域を相対化する作業が疎かになり，結果として「性急な対処療法」と「大仰な理念」とい

う形で「スローガンを生産する研究」になっている，と社会教育研究のあり方を批判したのは白石克己である。[18]そのうえで白石は，議論の前提として「社会教育理論」と「社会教育思想」の2つの研究のあり方を区別している。ここで「社会教育理論」とは，経験的に真か偽かが検証できる命題によって表現され，社会教育活動の科学的説明と予測ができる知識の体系であり，これに対し，実践において指令を与える情報の体系が「社会教育思想」である。そして，社会教育研究の着実な発展のためには，誰もが真偽を検証しうる「社会教育理論」を前提として研究成果を蓄積していくことが必要である，というのが白石の見解である。[19]

これは，教育学全般における議論の混乱と不毛の原因を「純粋に学問を推進するのではなく，最初から運動論や政策論または特定のイデオロギーをもって教育を方向づけようとする」点に求める議論と共通の問題意識に立つものであるといえよう。[20]ただし，「純粋」な学問の推進と運動・政策・イデオロギーとの間にどのような折り合いをつけるべきかを見きわめることは，容易ではない。たとえば，まさに社会教育実践を主題とする藤岡貞彦『社会教育実践と民衆意識』は，「問題は，感覚的・経験的に『すぐれた』といわれる実践の何処に『すぐれた』とわれわれが直感するのかを自覚的にあらいだし，それを仮設し，現実に展開されている教育実践を典型化してその深部へせまる操作にとりくむことにある」[21]という見解を示しているが，これが白石の述べる「経験的事象についての科学的説明や予測」[22]にあたるかどうかについては，より詳細な検討が必要であろう。

一方，「社会教育活動の科学的説明」としての「社会教育理論」の典型ともいうべき山本恒夫の理論は，[23]社会教育実践が備えもつ豊かな意味とその可能性をできるかぎり消去することによってはじめて成立する性質のものである。ただし，このような理論を基盤として，現場の担当職員が実務を進める際に有効な示唆を与える数多くの研究が生み出されてきたことは事実であり，その研究史上の功績は大きい。[24]しかし，この種の「社会教育理論」だけで具体的な問題を解決することは不可能であり，暫定的に「社会教育思想」によって対処する

ことが必要であるのもまた事実である。[25)]

　結局のところ，社会教育研究は，白石の述べる「社会教育理論」と「社会教育思想」とが互いに依拠しながら成立するほかないだろう。そうであるとすれば，ここで重要なのは両者を区別することではなく，両者の関係をより豊かな形へと発展させていくための方法を追求することである。[26)]ある研究が「純粋」な学問であるかどうか，あるいは「社会教育思想」と「社会教育理論」とのどちらを重視するかという形で，社会教育研究を2つの流れに分けること自体には，あまり意味がない。結局，「燃ゆるこころ」と「冷たき頭脳」をどのように合わせ持つかが，個々の研究者に問われるのであろう。

(3) 領域の細分化と成熟

　「ありていにいえば，『学』としての社会教育学がすでにうちたてられているわけではない」[27)]と碓井正久が述べたのは，1970年のことである。これは，社会教育研究の現状にかかわる認識とその発展のための方法的自覚を示した言説のなかでも，もっとも早い時期のものに属する。展開される活動の形態・内容・性格があまりにも多様な社会教育において，研究を深めるためには対象を限定することが必要であると述べる碓井は，その方法として歴史研究と比較研究をあげている。実際，1970年代以降，社会教育研究は概論・総論から各論へという方向で展開され，細分化された領域ごとに充実した研究成果が発表されるようになる。碓井があげた歴史研究，外国研究などが1つの領域として自立性を高めるようになり，教育・学習の内容や方法，学習者の属性や学習の支援をめぐる制度など個別のテーマごとに研究が進められ，そのなかで発表される研究成果は量的に増加した。

　こうした動向を受け，1970年代以降には曲がりなりにも社会教育研究の体系化が進み，講座や叢書などのシリーズという形で研究成果が刊行されるようになる。代表的なものとしては，伊藤俊夫・岡本包治・山本恒夫編集代表『社会教育講座』(全5巻，第一法規出版，1979)，『講座現代社会教育』(第1-7巻，亜紀書房，1977-87)などをあげることができる。なお，1980年代以降には「生涯教育」や「生涯学習」の名のもとに刊行されるシリーズが増加し，岡本包治・

山本恒夫編『生涯教育対策実践シリーズ』(全5巻, ぎょうせい, 1985), 伊藤俊夫・岡本包治・山本恒夫編集代表『生涯学習講座』(全6巻, 第一法規出版, 1989), 社会教育基礎理論研究会『叢書生涯学習』(全10巻, 雄松堂出版社, 1987-1992), 岡本包治編『現代生涯学習全集』(全12巻, ぎょうせい, 1992-1993), 有光次郎・木田宏・波多野完治監修, 石堂豊責任編集『生涯学習実践講座』(第1-5・第8巻, 亜紀書房, 1988-1994), 山田定市監修・鈴木敏正編集代表『講座主体形成の社会教育学』(全4巻, 北樹出版, 1997-1998) などがこれまで刊行されている。

このような社会教育研究の量的拡大を前提にしながら, それらの成果を総括的に俯瞰する視点を示したのは, 倉内史郎『社会教育の理論』(1983) である。ここでは, 社会教育の理論が統制理論・適応理論・自発性理論の3つの類型に分類され,「これらの諸理論によってとらえられる"総体"」[28]として社会教育を認識すべきだという視点が示された。これら三者が互いにどのような関係をもつのかが明らかにされないかぎり, 社会教育の本質が不明確だという見方もできるが, むしろ単一の視点だけから展開されがちであった従来の研究に対する方法的な批判として, この倉内の問題提起は重要であろう。

たしかに, 小川利夫が「化け物」と称したような不可解な社会教育の全体像にはあえて眼を向けず, 操作が容易な個別の事例や個々の領域の実情のみに即して研究を進めるという方法は, 厳密かつ科学的な検証をおこなうことによって学問研究の発展をめざすうえで必要不可欠なものであろう。壮大な理論体系の構築を通じて学問領域としての社会教育の発展をめざすためには, このような態度はかならずしも否定すべきではない。しかし, 宮原誠一が「社会教育の実践のなかから生まれ, 社会教育の実践の指針となるような理論」が求められると述べたとき, そこでは「社会教育の全領域の総合的な討究」[29]が必要とされていたのである。この時期における社会教育研究の量的拡大と充実・発展は, 社会教育という領域全体の存在意義にかかわる困難さからあえて目をそらすことによって可能になったといえるだろう。こうして, 社会教育という領域そのものの存在意義や妥当性を確保することはしだいに困難になっていった。その結果, 1980年代に領域としての社会教育の存在意義が根本的に問われた際に,

実践領域としての社会教育との間のつながりを失った社会教育研究は，事態を有意義に受け止め，さらなる発展に向けての有効な指針を示すことができなかったのである。

4 領域外部からの影響と領域の再編成

(1) 領域の自明性に対する批判

1980年代半ばには，社会教育という領域の外部から，領域そのものを大きく揺るがす2つの問題提起が突然生じてきた。1つは臨時教育審議会によって主張された「生涯学習体系への移行」であり，これは，新しい時代状況に対応すべく社会教育のあり方を根本的に見直すべきだという提言であった。これは本来，社会の変化への対応がかならずしも十分でない社会教育を単なる一つの"業界"として維持するのではなく，社会との間により豊かな関係を築くことによって社会教育の社会的位置づけや役割を根本的に問い直す契機となるはずのものであった。また，もう1つの問題提起は松下圭一『社会教育の終焉』(1986) によるものであり，社会教育行政の性格とその存在意義について領域の外部から本質的な疑問が提起されたのは，これが最初の機会であった。ここには社会教育施設や職員に関する誤った現状認識も含まれていたが，その前提をあらためて問い直すなかで，学習文化活動の支援をめぐる議論へと発展する可能性を含むものであったといえるだろう。

しかし，「生涯学習体系」や松下の述べる学習文化活動の発展のビジョンとの関連で進められた議論において，社会教育という領域はそれにふさわしい姿を示すことができなかった。結果として，社会教育という領域が生涯学習という新しい領域に取って代わられるかのような，歪んだ反応が呼び起こされることともなった。これらの問題提起を的確に受け止め，社会教育の実態とその存在意義を主張する議論もないわけではなかったが，個々の研究者による取り組みが社会教育研究という領域全体の再編へとつながるという動きはみられなかったといってよいだろう。これは，それまで積み重ねられてきた社会教育研究の

成果が，その外部の社会に対してほとんどその存在意義を主張できなかったことを意味している。社会教育研究は結局のところ1つの"業界"の内部で閉じたものでしかなく，同時に実践領域としての社会教育の存在意義も，その"業界"の外部ではかならずしも自明ではないことが明らかになった。この時点で，社会教育という領域の存在意義が，社会全体のなかで実質的にほとんど否定されてしまったとさえいうこともできるだろう。

(2) 新しい研究の流れの登場

上に述べたような動きのなかで，社会教育の現場に大きな変化がもたらされた。主として市町村における社会教育行政を中心に進めてきた学習活動の支援の施策に対して，国や都道府県の役割が強調され，教育委員会以外も含めた行政部局間の連絡・調整や民間教育文化産業への注目など，いわゆる生涯学習推進体制の構築がめざされるようになった。また，個人の学習ニーズにもとづく学習プログラムの作成，学習活動の評価・成果の活用，学習情報提供や学習相談など，個人学習の支援をめざす施策が積極的に進められてきた。従来の社会教育とは大きく異なる施策の動向に対応して，研究の側にも従来の枠組みから切断された新しい流れが現れ，政策や実務の支えとなるような研究が活発に進められたのである。[30]

このような研究とは別に，社会教育を理解する従来の視点を受け継ぎながら，「生涯学習」のビジョンのなかで新たな理論体系を発展させようとする新しい研究の流れも近年登場している。1つは，先にもあげた社会教育基礎理論研究会『叢書生涯学習』と，それに参加した研究者が展開してきた研究である。これらは社会学・心理学・経済学・哲学などの関連諸領域の成果を吸収し，それをふまえた議論を展開することによって社会教育研究の学的水準の向上に貢献してきたが，これらが全体としてめざすものは「学習・教育の相互主体的あるいは対話的な構造転換の試み」[31]であるといえるだろう。ただし，参加した個々の研究者の間に視点や問題意識の違いはあるものの，これらを総体として見るかぎり，いわゆる「共同学習論」と同種の議論にとどまっているようにみえる。[32]これは，研究主題が主として実践分析に偏り，これと結びついた政策や行財政

のあり方についての独自の認識を提示していないという点ともかかわっている。もっともこの点については，同研究会にかぎらず近年の社会教育研究全般における傾向も指摘しなければなるまい。学習の場における認識変容およびその支援の方法に関する研究が充実する一方，法制度や行財政などの政策科学的な志向をもつ研究が大きな進歩を示していないのである。この点の改善は，社会教育研究のみならず社会教育そのものの発展を促す意味でも重要であり，社会教育とその研究とが互いに発展しうるような両者の関係が今後求められるであろう。

　もう１つの新しい研究は，『自己教育の論理』（筑波書房，1992），『エンパワーメントの教育学』（北樹出版，1999），『主体形成の教育学』（御茶の水書房，2000）など一連の研究によって自らの壮大な体系を構築してきた鈴木敏正の研究である。これらの膨大な研究のなかで鈴木は，ただ一つの視点から提示される定義ではなく，「歴史的・社会的視点をふまえた総体的・体系的視点」を徹底することによって「社会教育『論』が社会教育『学』となるということができるであろう[33]」と述べる。この点で鈴木は，先にあげた碓井正久や，「社会教育学には，いまのところ理論の名に値するような体系的な学説もなければ，定説とよびうるような，多数によって検証され，万人によって承認された学説もない[34]」と述べた宮坂広作と同じ立場に立ち，社会教育学の学問体系の構築をめざしているようにみえる。しかし，「社会教育にかかわる主要な論点はすべて含むような総体的把握[35]」をめざすと述べ，議論の相手の論点が「すべて『主体形成の社会教育学』の射程に含まれている[36]」と主張する鈴木は，自らの体系に「すべて」を含み込むと主張することによって，社会教育というものの不可解さ，ないしは「化け物」としての社会教育に背を向けているのではないか[37]。この点において，小川・碓井・宮坂らが示した社会教育の本質とのかかわり方と鈴木の視点との間には小さな，しかし確実な違いが存在する。ただし，この違いが何を意味するかについての考察は，今後の鈴木の研究の発展とあわせて検討すべきであろう。

5 これからの社会教育研究に向けて

　それにしても，今後の社会教育および社会教育研究がどのような方向へと進んでいくのかを考えたとき，明るい見通しを示す具体的な手がかりや進むべき方向性が見えないという閉塞的な印象を禁じえない。もっとも，このような状況の不透明さはとくに社会教育という領域だけに限った話ではなく，あらゆる領域に広く見られる現象であるかもしれない。ただし，社会教育という領域の存在意義が曖昧になったという事態の変化が，われわれの眼の前から「化け物」が姿を消したことと関連しているのは明らかであろう。「化け物」に目を向けずに社会教育をとらえようとするかぎり，生涯学習ないしは生涯教育という領域との間の違いは，現時点では見えてこないのである。

　このような状況のなかで社会教育の本質を問うにあたって，「化け物」の姿に改めて眼を向けることの重要性を本論が強調するのは，以上の理由による。たとえ現時点ではわれわれの眼の前に「化け物」が見あたらないとしても，いつまた社会教育が「化け物」としての姿を現さないとはかぎらない。このように考えるならば，「化け物」というべき社会教育の本質と真正面から向きあった思考の展開の道筋を，あらためて吟味し直してみるべきであろう。実際，『小川利夫社会教育論集』（全8巻，亜紀書房，1992-2001），『碓井正久教育論集』（全2巻，国土社，1994），『宮坂広作著作集』（全6巻，明石書店，1994-1996）などの著作を繙くとき，「まさにこれらの著作のなかに社会教育の本質が詰まっているのだ」という確信が感慨とともに無根拠に浮かんでくる。

　「古典が偉大なのは，たんにそこでいわれていることじたいによってではなく，そこでいわれようとしていること，すなわちそれが私たちに投げかける志向性の影によってである。」[38] 古典を読み直す過程でこの「影」の部分にふれるまさにその瞬間にこそ，われわれがそこから新たな意味を引き出すことができるように思われる。社会教育研究の「古典」ともいうべき著作がおぼろげながら示した「化け物」の姿にもう一度眼を向けることによって「化け物」との来るべき遭遇の機会に備え，社会教育という領域自体の存在基盤をあらためて問

い直すことが，現在さし迫った課題として求められているのではないだろうか。

注 ───

1) 小川利夫「社会教育をどうとらえるか」『月刊社会教育』1970年5月号, p.82.（後に小川利夫『社会教育研究四〇年』（小川利夫社会教育論集第8巻）亜紀書房, 1992, p.174 にも収録）
2) このあたりの事情については，日本社会教育学会編『現代社会教育の創造──社会教育研究30年の成果と課題──』東洋館出版社, 1988, p.683-716で論じられている。
3) ここで念頭においているのは，春山作樹「社会教育学概論」『岩波講座　教育科学』第15冊, 1932, 川本宇之介『社会教育の体系と施設経営・体系編』および『同・経営編』最新教育研究会, 1931 などの研究である。
4) ただし，このような限定は，それ以前の研究成果を無視すべきことを意味するものではない。この点については，明治期から1970年代に至る社会教育思想の展開を詳しく論じた小川利夫「現代社会教育思想の生成」小川編『現代社会教育の理論』（講座現代社会教育Ⅰ）亜紀書房, 1977, p.23-262 などを参照したうえで検討すべきであろう。
5) 天野郁夫は，1960年代における自らの経験を振り返り，当時の教育学において周辺的な位置を占めていた教育社会学が「たとえば社会教育学との差異すら十分に認識されているとはいいがたかった」と述べている（「辺境性と境界人性」日本教育社会学会編『教育社会学研究』第47集, 東洋館出版社, 1990, p.89）。その後の教育社会学はともかく，依然として教育学の周縁に位置する社会教育研究には，教育学研究や教育委員会制度にむけて新たなフロンティアを創出し，革新的な問題提起をおこなうことが期待されると考えるのは牽強付会であろうか。
6) 宮原誠一「社会教育の本質」『社会教育論』国土社, 1990, p.7-45.（初出は「社会教育本質論」全日本社会教育連合会『教育と社会』1949年10・12月号，その後，宮原誠一編『社会教育』光文社, 1950 などに収録された）
7) 代表的なものとして，吉田昇「共同学習の本質」青年団研究所編『共同学習の手引』日本青年館, 1954, p.1-42（『吉田昇著作集2　共同学習・社会教育』三省堂, 1981, p.52-85 にも収録），日本青年団協議会勤労青年教育特別委員会『共同学習のまとめ』1955, 福尾武彦「共同学習の諸問題（Ⅰ）」『千葉大学教育学部紀要』Vol.6, 1957, p.17-41, 三井為友「共同学習とは何か」『現代社会教育の理論』明治図書, 1963, p.93-109 などがある。
8) 小川利夫「社会教育の組織と体制」小川利夫・倉内史郎編『社会教育講義』明治図書, 1964, p.51.（後に小川利夫『社会教育と国民の学習権』勁草書房, 1973, p.223-259 にも収録）
9) 宮原, *op.cit.*, p.41.
10) 津高正文『社会教育論』新元社, 1956, p.41.

11) 碓井正久「社会教育の内容と方法」小川・倉内, *op.cit.*, p.91-130.(碓井正久『碓井正久教育論集Ⅰ・社会教育の教育学』国土社, 1994, p.154-186 にも収録)
12) 宮坂広作『近代日本社会教育政策史』国土社, 1966, 宮坂『近代日本社会教育史の研究』法政大学出版局, 1968.
13) 宮原, *op.cit.*, p.15-24.
14) E. デュルケーム『教育と社会学』佐々木交賢訳, 誠信書房, 1976.
15) 実践志向の研究領域を標榜することにともなう同種の曖昧さは, 海外の成人教育研究においても指摘されている。学術研究の世界からは方法的洗練にもとづく高度な専門性の欠如を非難され, 実践の場との関係においては実用性の欠如を責められるというように, 成人教育はつねに2つの方向に引き裂かれるジレンマを抱えてきたという指摘がなされている。Rubenson, K., Adult Education: Disciplinary Orientations, in Albert C. Tuijnman(ed.), *International Encyclopedia of Adult Education and Training*, 2nd Edition, Pergamon, 1996, p.113.
16) 宮坂広作「戦後における社会教育理論の系譜——現代日本社会教育学説史ノート——」千野陽一・藤田秀雄・宮坂広作・室俊司『現代日本の社会教育』法政大学出版局, 1967, p.209.
17) *Ibid.*, p.212.
18) 白石克己「社会教育の理論と思想」岡本包治・山本恒夫編『社会教育の理論と歴史』(社会教育講座第1巻)第一法規出版, 1979, p.34.
19) *Ibid.*, p.34-37.
20) 田代元彌「日本の生涯教育論私観」日本生涯教育学会編『生涯教育論(研究)に問われるもの』(日本生涯教育学会年報第7号)1986, p.16.
21) 藤岡貞彦『社会教育実践と民衆意識』草土文化, 1977, p.17.
22) 白石, *op.cit.*, p.43.
23) 代表的な例として, 山本恒夫「社会教育の理論化」岡本包治・山本恒夫編『社会教育の理論と歴史』(社会教育講座第1巻)第一法規出版, 1979, p.11-29, 山本恒夫「社会教育の科学化」加藤隆勝・山本恒夫編『社会教育の科学』(社会教育講座第2巻)第一法規出版, 1979, p.1-57 などをあげることができる。
24) 実務のより効果的な遂行と望ましい方向性を示す研究の代表的なものとしては岡本包治・古野有隣編『社会教育評価』第一法規出版, 1975 が, また, 市民の行動や意識の実態を把握し, それにもとづいて学習支援のあり方を探る調査研究としては辻功・古野有隣『日本人の学習』第一法規出版, 1973, NHK 放送文化調査研究所『日本人の学習——成人の意識と行動をさぐる——』(NHK 学習関心調査〈'82, '85〉報告書)1987 などがある。
25) 白石, *op.cit.*, p.37.
26) そうでなければ,「社会教育理論」と「社会教育思想」との区別が, 白石らとは異な

る立場から進められた数多くのすぐれた研究, たとえば前述の藤岡や島田修一『社会教育の自由と自治』青木書店, 1985 などの研究の意義を実質的に否定することになってしまうだろう。
27) 碓井正久「社会教育の教育学」碓井編『社会教育』第一法規出版, 1970, p.1.
28) 倉内史郎『社会教育の理論』(教育学大全集 7) 第一法規出版, 1983, p.180.
29) 宮原誠一『社会教育』光文社, 1950, p.1.
30) たとえば,『生涯学習テキスト』(全 10 巻, 実務教育出版, 1987-1988), 山本恒夫・浅井経子・手打明敏・伊藤俊夫『生涯学習の設計』(実務教育出版, 1995), 赤尾勝己・山本慶裕編『学びのスタイル——生涯学習入門』(玉川大学出版部, 1996), 同『学びのデザイン——生涯学習方法論』(玉川大学出版部, 1998) などがある。これらは主として, 大学での資格科目や行政職員の研修向けに書かれたテキストであるが, 社会教育行政における担当職員の実務に指針を与えることは, 社会教育研究の担うべき重要な役割である。
31) 社会教育基礎理論研究会『生活世界の対話的創造』(叢書生涯学習Ⅹ) 雄松堂出版社, 1992, 「はじめに」p.v.
32) もちろん「共同性」と「相互主観性」の違いは意識しなければならないが, 他領域における理論に依拠した新世代の研究が, 先行世代と問題を共有せずに理論や方法のレベルでのみ批判を加えるだけでは, 社会教育研究の発展に寄与するとはいいにくい。いわゆる学際的研究の必要性については, 成人教育という領域が他領域の研究成果を応用する場ではあってもそれ自体が研究を主導するパラダイムではないという指摘 (Rubenson, *op.cit.*, p.108) も考慮したうえで認めるべきであろう。ただし, この点については, ボイドとアップスによる「成人教育そのものの構造・機能・課題・目的を明確に理解しないままに, 既存の研究領域に助けを求めようとするのは誤りである」(Boyd, Robert D. and Apps, Jerold W. and Associates, *Redifining the Discipline of Adult Education,* Jossey-Bass, 1980, p.2) という見解が出されている。もちろん, これに対して, 成人教育の「核」となるべきものを解明するためにこそ他領域に手がかりを求めることが必要であるという見解もある (Rubenson, K., Adult Education Reseach, in Albert C. Tuijnman, *op.cit.*, p.165) が, いずれにせよ社会教育研究の方法に関する議論のさらなる展開が必要であろう。
33) 鈴木敏正『主体形成の教育学』御茶の水書房, 2000, p.204.
34) 宮坂広作「現代国家と社会教育」宮坂『社会教育の政治学』明石書店, 1991, p.67. (初出は 1984 年)
35) 鈴木, *op.cit.*, p.218.
36) *Ibid.*, p.231.
37) たしかに,「『体系』とは批判されるためにあるものであり,『体系』を創っては壊し, 壊しては創っていく過程で学問は発展していくものであろう」(鈴木敏正『自己教育の

論理』筑波書房,1992, p.6) と述べるかぎりでは,鈴木は自らの体系が社会教育の「すべて」を組み込むと言い切っているわけではない。しかし,仮に「壊す」ことを前提とするならば,何のために体系を創るのかが問われることになるだろう。

38) 西郷信綱『古典の影——学問の危機について——』平凡社, 1995, p.9.

索　引

あ

アジアスアベバ・プラン　50
新しい支配形態　64
天野郁夫　182
生きる力　8,78
池田秀男　69,72,148
意識化　62,134,135
石田新太郎　107,116,118
市川昭午　69,81
伊藤俊夫　157,176,184
稲生勁吾　157
伊那自由大学　26
井上友一　113
イリイチ（イリッチ）　21,23,24,29,39
インキュベーター　96
インフォーマルな教育　21,37
ウェンガー　30
上からの要求　11
上杉孝實　20,21
上田自由大学　25,26
碓井正久　8,16,24,27,136,156,172,176,181
エコロジー　35
NPO　85,94-98,154
エリクソン　23
エルシノア会議　53,57
エンゼルプラン　84
エンパワーメント　83,84
岡本薫　86,156,168
岡本包治　176,177
小川利夫　18,19,27,129,130,169,172,181

か

開発　31,59
開発教育　67
開発途上国　31,34,54
開発モデル　34
課題提起教育　22
カラチ・プラン　50
カルチャーセンター　8,101,153
川本宇之介　170,182

環境教育　98
環境と開発に関するリオ宣言　35
環境の教育化　116
外在的・内在的矛盾　130,172
学位授与機構　78
学芸員　147
学社融合　10,11,24,98,145
学社連携　98,99,145
学習機会　80,81,94,123
学習権宣言　23,62
学習サービス　93,94
学習者の主体性　73
学習社会　9,24
学習事業の体系化　75
学習情報提供システム　74
学習ニーズ　59,89,94,143,179
学習要求　132
学歴社会　24,73,144,165
学級崩壊　82,99
学校　8,10,34,74,98,113,114,144,146,154,173
学校教育以外の教育要求　25
学校教育改革　71,76,77
学校教育の補完　145
学校教育の補足・拡張・以外　25,152,171
学校支援ボランティア　8,99
学校週5日制　8,11,77,79,80,82,99,145
企業内教育　8,17
規制緩和　81,142,143
基礎教育　41,49,58
北田耕也　15
機能的識字　57-59,61,62
基本的学習ニーズ　38
基本的ニーズ　34,39-41,43
キャリア開発　82,91
教育改革国民会議　83
教育会　109
教育基本法　13
教育訓練給付制度　85
教育的不平等　57
教育の機会均等　114
教育文化　160

187

教育変動	8,23	サンチアゴ・プラン	50
教化	104,115,119,152	識字	45,51,53,58,61-64
共同学習運動	15	識字教育	31,38,47,48,55,58,60
共同学習論	127,128,171,179	司書	147
近代教育批判	23	施設間ネットワーク	81
近代市民社会	110,111,115,119	施設中心主義	13,153
銀行型教育概念	22	私的な結社	110,111,115,119
クームス	24,32,37,41	信濃自由大学	26
クーン	14	渋谷英章	24,86
倉内史郎	17,27,156,172,177	島田修一	18,130
偶発的学習	93	市民教育	93,94
グループワーク論	127	市民参画	97
経済協力開発機構（OECD）	23,32,39	市民大学	89,90,92,100
継続教育	33	市民文化活動	12,132,133
権利としての社会教育	15,18,19,26,29,149,153	社会教育委員	143
原形態としての社会教育	10,13	社会教育課	139
現代的課題	79-82,94	社会教育基礎理論研究会	26,138,177,179
公設民営	97	社会教育局	104,115,139,141
高等教育機関の役割	99	社会教育主義者	150
後発発展途上国	52	社会教育主事	71,146,147,151
公民館	7,10,13,125,126,135,142,153,171	社会教育審議会	12,70,71,131,139,150
公民館運営審議会	143	社会教育の科学論	132
公民館構想	124	社会教育の終焉	12,132,154,178
公民館主事	128	社会教育法	103,123,142,143,171,172
国際教育計画研究所	37	社会教育理論と社会教育思想	175
国際成人教育会議	46,53,56	社会事業	113
国際理解教育	98	社会の教育化	116
国際労働機関（ILO）	32,38	社会の教育力	109
国民運動型アプローチ	58	主体形成	134,180
国民の学習権	152	シュワルツ	24
国民の自己教育	13,15,26,129,130,149,172	生涯学習局（生涯学習政策局）	76,103,139,141,144
国立教育研究所（国立教育政策研究所）	87,98	生涯学習支援者	154
国連人間環境会議	35	生涯学習社会	9,11,69,73,143,153,163,165
心学	105	生涯学習審議会	7,10,79,82,91,142
心の豊かさ	162,163,168	生涯学習推進センター	77
子育て支援	145	生涯学習政策批判	149
国家教育	110,111,115	生涯学習センター	87-90,100
コミュニティ開発	36	生涯学習体系への移行	73,74,77,144,178
コミュニティ・スクール	25	生涯学習都市宣言	87
コリノー	168	生涯学習の基盤整備	76
さ		生涯学習の振興のための施策の推進体制等の整備に関する法律（生涯学習振興法，生涯学習振興整備法）	12,77,141,148,155
最小限の学習ニーズ	42	生涯学習のまちづくり	91
笹島保	128	生涯学習フェスティバル	94,145
佐藤一子	25,66,158	生涯学習ボランティア活動総合推進事業	85
参加型学習	19,22		

生涯学習まちづくりモデル支援事業　99
生涯学習モデル市町村事業　71,75
生涯教育　7,29,32,43,56,69,131,149,173
生涯教育論争　8,24
生涯大学システム　90
職業教育　33
初等教育　41,49
白石克己　175
新社会教育観　142
ジェルピ　21,29,43,64
自己教育　19,73,80,117,152,180
持続可能な開発　35
実験的世界識字プログラム　60
自発性理論　177
自由大学運動　15,107,117
女性問題　83
自立　133,134
自力更生　35
人的資本論　43
鈴木健次郎　127
鈴木敏正　26,134,155,177,180
すべての人に教育を世界会議　38
西欧モデル　166
生活体験・自然体験　82
生活綴方運動　25
青少年団体　125,126
青少年の学校外活動　79,80
成人学習に関するハンブルク宣言（ハンブルク宣言）　23,62
成人基礎教育　47
成人教育　46,148
成人教育運動　117
成人教育協会　107,117
成人教育国際会議　62
青年学級振興法　143
世界教会会議　39
世界銀行　39,41
世界成人教育協会　105
専門職　154
全国子どもプラン　83,156
総合的な学習の時間　8,98,145,146
相互主体的関係　134

た

体験活動　8,11,82
大衆運動　130,131
多元的評価システム　75

大学開放　79
大学審議会　77
第三世界　49,64
第三の教育改革　71,74
脱学校　21
男女共同参画社会　83,84
地域づくりのための生涯学習　91
地球サミット　35
地球市民　64
地方改良運動　112
地方分権推進一括法　143
中央教育審議会　11,70,72,76,78,88,140
中国の業余学校　48
中国の現職教育　48
中国の終生教育　48
中国の速成学校　48
通俗教育　112,113,139
辻功　132
津高正文　172
土田杏村　26,117,118
適応理論　177
テヘラン会議　59
寺中作雄　124,125,135
天皇制　122
デモクラシーとテクノロジー　11,152
東京会議　56,62
統合　7,10,16,18,34,69,70
統制理論　177
特定非営利活動促進法（NPO法）　85
都市化　129,131,132
図書館　7,153,154,171
図書館協議会　144
途上国モデル　166

な

内発的発展論　35
日本型生涯学習　159
日本社会教育学会　20,129,153,170
日本生涯教育学会　19,173
日本生産性本部　19,43
日本青年団協議会　127
日本モデル　159,166,167
ネットワーキング　23,30
ネットワーク　21,36
ネットワーク型行政　8,13,90,143
農業エクステンション　36
農村開発　35,36

索引　189

乗杉嘉壽　112
ノンフォーマル教育　20,21,34,37
ノンフォーマルな教育　100

は

博物館　7,146,153,154,171
博物館協議会　144
派遣社会教育主事　71,75,146,150,151,158
波多野完治　17,23,177
発達課題　72
ハッチンス　24,65
春山作樹　27,154,170,182
ハンブルグ会議　52
パートナーシップ　85,97
パラダイム　14,19,26
ヒーリー　66
非識字　50,52,55,60,63,64
非先進地域　45
PTA　146
フーコー　23
フォーマルな教育　20,21,37
フォールレポート（報告）　23,24,61
福尾武彦　182
福澤諭吉　15,108
福祉教育　98
藤岡貞彦　18,19,130,149,175
古野有隣　132,183
フレイレ　21,22,39,47,62
ブラジルの全国農村教育運動　47
ブラジルの全国非識字撲滅運動　47
ブラジルのMOBRAL　47
ベイルート・プラン　50
ペルセポリス宣言　61-63
奉仕活動　8,11,83
輔導学級　116
堀尾輝久　29
ボーラ　66
ボトキン　43
ボランティア活動　8,24,79-82,91,93,154

ま

マズロー　40
松下圭一　12,132,153,178
マンスブリッジ　105
三井為友　128,182
宮坂広作　26,121,172,174,180,181
宮原誠一　9,14,15,25,106,129,149,152,171-173,177
民間教育事業者　94,95,101
民衆の下からの要求　11,137,152
室俊司　16
持田栄一　18
森有礼　110
モントリオール会議　54

や

山名次郎　106,108
山本恒夫　24,132,175,176,184
ユネスコ（UNESCO）　32,50,51,53
ユネスコ成人教育推進国際委員会　7,69
ヨーロッパ共同体（EU）　32
ヨーロッパ評議会　32
吉田昇　137,182

ら

ラーニング・ウェブ論　21,23
ライフサイクル　91
ライフサイクル論　23
ラングラン　7,14-16,18,28,33,45,69
リカレント教育　23,32,33,78,79,84
リフレッシュ教育　78,84,86
臨時教育会議　112
臨時教育審議会　7,11,73,76,87,140,141,144,149,153,178
歴史的範疇としての社会教育　14,25,152,171
ローマクラブ　32,35,40
労働者教育協会　105,116

［シリーズ 生涯学習社会における社会教育 第1巻］
生涯学習と社会教育

2003年4月18日　第1版第1刷発行

|編集代表　鈴木　眞理　編著者　鈴木　眞理
　　　　　　　　　　　　　　　　松岡　廣路

発行者　田中　千津子

発行所　株式会社　学文社

〒153-0064　東京都目黒区下目黒3-6-1
電話　03 (3715) 1501 (代)
FAX　03 (3715) 2012
http://www.gakubunsha.com

© Makoto Suzuki 2003　　　　印刷所　新灯印刷

乱丁・落丁の場合は本社でお取替えします。
定価は売上カード、カバーに表示。

ISBN4-7620-1206-8

シリーズ　生涯学習社会における社会教育

編集代表　鈴木　眞理　　《全7巻》

新進気鋭の研究者・行政関係者など65氏の執筆陣，論文総数93を収載した待望の本格的シリーズ。生涯学習社会の創造やその到来が喧伝されるなかでの社会教育の諸問題を総合的かつ多面的に分析，新しい時代の社会教育のあり方をさぐる。

各巻　Ａ５判上製／平均230ページ
定価　各巻とも2300円（税別）

1	生涯学習と社会教育	鈴木　眞理 松岡　廣路	［編著］
2	社会教育と学校	鈴木　眞理 佐々木英和	［編著］
3	生涯学習をとりまく社会環境	鈴木　眞理 小川　誠子	［編著］
4	生涯学習社会の学習論	鈴木　眞理 永井　健夫	［編著］
5	生涯学習の支援論	鈴木　眞理 津田　英二	［編著］
6	生涯学習の計画・施設論	鈴木　眞理 守井　典子	［編著］
7	生涯学習の原理的諸問題	鈴木　眞理 梨本雄太郎	［編著］